中山大学与百年丹霞研究历程图文集

中山大学档案馆 编

主 编 李敏玲
副主编 王 蒙 吕炳庚 李林悦

中山大学出版社
·广州·

版权所有　翻印必究

图书在版编目（CIP）数据

中山大学与百年丹霞研究历程图文集 / 中山大学档案馆编；李敏玲主编；王蒙，吕炳庚，李林悦副主编 . -- 广州：中山大学出版社，2025.1. --ISBN 979-7-306-08314-2

Ⅰ. G649.286.51；P942.076

中国国家版本馆 CIP 数据核字第 2025WB0076 号

审图号：GS 粤（2024）1554 号

出 版 人：王天琪
策划编辑：李海东
责任编辑：李海东
责任校对：廖翠舒
封面设计：曾　斌
装帧设计：曾　斌
责任技编：缪永文
出版发行：中山大学出版社
电　　话：编辑部 020-84110283，84111997，84113349
　　　　　发行部 020-84111998，84111981，84111160
地　　址：广州市新港西路135号
邮　　编：510275　　传　真：020-84036565
网　　址：http://www.zsup.com.cn　E-mail:zdcbs@mail.sysu.edu.cn
印 刷 者：恒美印务（广州）有限公司
规　　格：787mm×1092mm　1/16　16.75印张　310千字
版次印次：2025年1月第1版　2025年1月第1次印刷
定　　价：168.00元

如发现本书因印装质量影响阅读，请与出版社发行部联系调换

谨以此书献给中山大学一百周年华诞

（1924 — 2024）

编委会

顾 问
（按姓氏笔画排列）

王 华　王少华　李定强　张 珂

胡春元　保继刚　侯荣丰　翁时秀　郭福生

编委会主任

周 纯

编委会副主任

刘一凡

编 委
（按姓氏笔画排列）

丰秀荣　王 蒙　王 鑫　吕炳庚

杨梦茹　李林悦　李敏玲　黄 悦　黄向青

主 编

李敏玲

副主编

王 蒙　吕炳庚　李林悦

前 言

"科技兴则民族兴,科技强则国家强",这是习近平总书记2024年6月24日在全国科技大会上的讲话。科学技术的进步始终与国家发展、民族振兴紧密相连。在中华民族伟大复兴的征程上,一代又一代科学家心系祖国和人民,不畏艰难,勇攀高峰,无私奉献,为科学技术进步、人民生活改善、中华民族发展做出了重大贡献。

丹霞,被誉为中国的"地学国粹"。这种完全由中国学者发现和命名的地貌,自其诞生之日便打上了深深的"中国烙印"。中国是世界上丹霞地貌分布最广的国家。这种美丽的红色山体,如降落大地的霞光,为中华文明抹上了一道"色如渥丹,灿若明霞"的色彩。

中山大学是中国丹霞地貌研究的大本营和根据地,历经四代学者、近百年艰苦努力建立起完整的学科体系,始终引领着中国丹霞地貌的研究事业向前发展。20世纪二三十年代,中山大学冯景兰教授和陈国达教授先后命名了"丹霞层"和"丹霞地形"。之后经吴尚时教授、曾昭璇教授等继续研究,初步形成学科体系。20世纪50年代初,因全国高校院系调整,一批丹霞研究专家离开了中山大学,黄进教授立志接续传承丹霞地貌研究。20世纪80年代以来,他考察了全国28个省、市、自治区的1000多处丹霞地貌,并将丹霞地貌的研究在全国推开。21世纪以来,彭华教授致力于丹霞地貌的学科建设和丹霞地貌研究的国际化,主持了丹霞山申报世界地质公园,发起组织了丹霞地貌国际学术讨论会,主持南方六省"中国丹霞"联合申报世界遗产并获成功,推动丹霞地貌走进国际地貌学最高学术殿堂。

中山大学历代学人的研究积累,为中国丹霞和丹霞地貌学术事业走向世界奠定了坚实的基础。如今,丹霞地貌作为一门地貌学的分支学科,其体系已经逐步趋于成熟,研究内容走向多元化,从以地质、地貌研究为起点,拓展到旅游开发、生物多样性和丹霞文化等领域。中山大学有效地发挥了丹霞地貌研究积累和多学科协作的优势,将科研成果服务于丹霞地貌区的经济社会发展,服务于国计民生重大需求。

中山大学历代学人对丹霞研究的学术追求,是近代以来中国知识分子从灾难深重的旧中国步入民主富强的新中国、从向科学全面进军迈向高水平科技自立自强新时代的历史缩影。他们对丹霞地貌的古典浪漫式命名，承载了他们对弘扬中国优秀传统文化的心愿；他们对丹霞大地百年来如一日的科学考察，传承着中山大学扎根中国大地的学术精神；他们对丹霞地貌贫困山区的研究保护，寄寓了中国共产党人帮助广大人民群众脱贫致富的宏伟誓愿。他们是先行者，是知识的宝藏，是科学的旗帜。他们筚路蓝缕、披荆斩棘，把在丹霞大地留下的足迹打造成后来者攀登的阶梯，鞭策我们接续奋斗，砥砺前行。

编　者

2024 年 10 月

目 录

一、图传 / 1
  （一）初创阶段（1928—1949年）/ 3
      1. 筚路蓝缕 / 3
      2. 弦歌不辍 / 10
      3. 学有根底 / 18
  （二）成型阶段（1950—1990年）/ 26
      1. 天各一方 / 27
      2. 苦心孤诣 / 30
  （三）大发展阶段（1991—2009年）/ 48
      1. 术业专攻 / 50
      2. 方兴未艾 / 65
      3. 开疆拓境 / 77
      4. 群贤毕集 / 88
  （四）国际化阶段（2009年以来）/ 94
      1. 走向世界 / 97
      2. 声振寰宇 / 101
      3. 踔厉奋进 / 113
  （五）初心使命 / 122
      1. 学科协作 / 122
      2. 致力脱贫 / 131
      3. 践行使命 / 140

二、文集 / 155
  （一）学科回顾 / 156
      中山大学自然地理学的优良传统 / 156
      丹霞地貌研究在中山大学的发展 / 161
      中国丹霞地貌研究进展 / 179
  （二）学人追忆 / 193
      冯景兰与丹霞地貌 / 193
      陈国达与"中国丹霞地貌" / 202
      地理学者吴教授尚时之思想及其贡献 / 205
      功业垂青史　精神留人间 / 218
      痴心探究丹霞貌　终老红岩只等闲 / 222
      怀念黄进老师 / 225
      赤壁丛中忆彭师　丹山水长思华年 / 227
      以综合思维引领丹霞地貌与旅游地理研究创新 / 233

附录　中山大学与百年丹霞研究历程大事记 / 245

后记 / 257

图传

· TU ZHUAN ·

（一）初创阶段（1928—1949 年）

丹霞地貌在中国已经有近百年的研究历史。从 20 世纪 20 年代开始，在经历了初创、成型和发展三个阶段的研究后，作为地貌学一个新领域的丹霞地貌研究已日趋成熟并走向世界。中山大学是中国丹霞地貌研究的大本营和根据地，历经四代学者、一个世纪的艰苦努力建立起完整的学科体系，始终引领着中国丹霞地貌的研究事业向前发展。

将丹霞地貌引入地球科学并引起人们关注，始于 20 世纪 20 年代后期中山大学地理地质学人对粤北红色岩系的考察。1928 年，中国第一代地质学家、两广地质调查所[①]的冯景兰和朱翙声在进行粤北地质调查期间，将构成丹霞山的一套红色岩系命名为"丹霞层"，发表了《广东曲江仁化始兴南雄地质矿产》一文，对丹霞层的岩性组合、所发育的地貌特点和形成原因等做了生动的描述："深厚坚固相间互之块状砂岩与砾岩，侵蚀之后，绝崖陡壁，直如人造之坚固伟岸之堡垒，而不知其为天造地设也……峰崖崔嵬，江流奔腾，赤壁四立，绿树上复，真岭南之奇观也。"这是地质学家第一次描述丹霞盆地的岩石与地貌发育的关系，引起了学术界的关注，奠定了丹霞地貌作为一类独立地貌类型的认识基础。

1935 年，在中山大学攻读研究生的陈国达发表了《广东之红色岩系》一文，对红层上发育的特殊地形进行了详细描述。1939 年又发表了《中国东南部红色岩层之划分》，认为类似于丹霞山的奇特地形是判断丹霞层的重要标志，提出"南雄盆地边缘江头圩西北的红色砾岩砂岩层，无特殊的丹霞山地形，故不是丹霞层"的论断。同年，陈国达和刘辉泗在《江西贡水流域地质》一文的附图中正式使用了"丹霞地形"这一地貌专用术语，但没有对"丹霞地形"做说明。之后丹霞层（后演变为丹霞群、丹霞组）和丹霞地形（后演变为丹霞地貌）便被学术界沿用下来。

此后，中山大学地理地质学人如吴尚时、曾昭璇等分别对丹霞层等中国南方红层的地层、岩性、构造及地貌发育等方面进行了不同程度的研究与论述，标志着丹霞地貌走上学术研究的舞台。这一阶段关于丹霞地貌的研究范围主要限于中国东南部地区，开始了丹霞地貌作为一种独立地貌类型的学术研究，故被称为初创阶段。

---

① 1929 年 4 月，中山大学接管两广地质调查所，该所隶属于地质学系。

1. 筚路蓝缕

20世纪20年代末，在粤北山区沉寂了6000多万年的白垩纪晚期红色页岩、砂岩和砾岩，邂逅了中山大学两广地质调查所冯景兰和朱翙声等学人，从此拥有了一个中国式浪漫的名字——"丹霞层"。中国的地理地质学人自此踏上了丹霞地貌科学研究的征程。

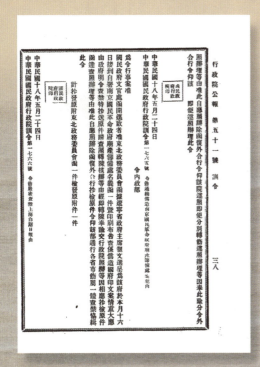
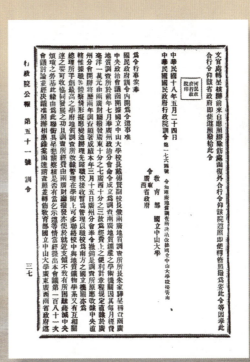

1927年中山大学地质系教授王若怡倡议设立两广地质调查所。该所原隶属于中央政治会议广州分会，1929年改隶中大地质系。该所兼具实业调查、人才培养和学术研究的任务，开展了以西南地区为主大规模全国性地质考察。在该所工作过的朱家骅、冯景兰、谢家荣、陈国达等9人，先后分别当选为1948年中央研究院院士和新中国时期的中国科学院学部委员。图为《中华民国国民政府行政院训令第一七六四号》

两广地质调查所纪念碑

两广地质调查所完备的设备，为中山大学地理地质研究提供了重要的条件。图为该所的电动切片机及磨片机

（一）初创阶段（1928—1949年）

冯景兰（1898—1976），字淮西，河南唐河县人，著名哲学家冯友兰的胞弟。中国近代地质事业和地质教育事业的奠基人之一，中国科学院学部委员。硕士毕业于美国哥伦比亚大学。从事地质教育几十年，以研究矿床学著称，在有色金属勘探中经验丰富，对工程地质也颇有研究。1927—1929年，曾任职于两广地质调查所。在两广地质调查中，提出了"丹霞层"命名，并在论文中多次使用"丹霞地形"名词，开创了"丹霞"这一地貌学科的研究。与陈国达并称"丹霞地貌之父"

1928年，在两广地质调查所技正冯景兰的主导下，两广地质调查所调查粤汉铁路沿线地质。图为1928年6月1日《广州民国日报》的报道

陈国达（1912—2004），字德沛，广东新会县人。著名地质学家、大地构造学家、地质教育家，中国科学院资深院士。长期从事区域地质、构造地质、地貌学等多个领域的研究，被国际地质界誉为"地洼学说之父"。1934年毕业于中山大学地质系，历任两广地质调查所和江西地质调查所技士、技正、研究员，中山大学副教授、教授、系主任等，对粤北、赣南的红色岩系进行深入考察，长期关注并推动丹霞地貌研究。1939年首次提出"丹霞地形"命名。与冯景兰并称"丹霞地貌之父"。

（资料来源：韶关市丹霞山管理委员会：《丹霞地貌百年科研历程展览纪念画册》，2022年版，第10页。）

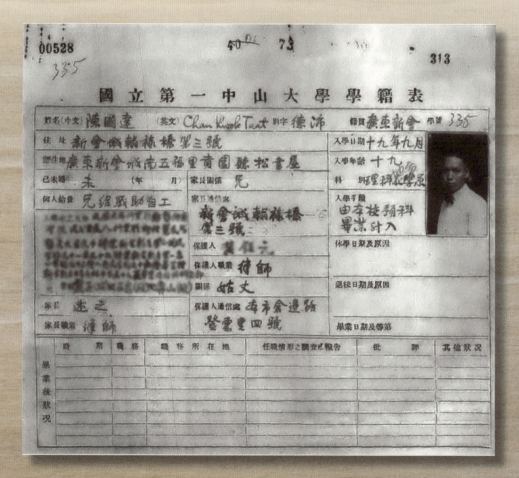

1930年，陈国达考入中山大学地质系，开始涉足粤北红色岩系考察研究。图为陈国达的学籍表

(一)初创阶段(1928—1949年)

1933年,陈国达参与了中山大学地质调查团调查广九铁路沿线的工作。图为1933年9月1日《广州民国日报》的报道

1933年5月1日,中山大学地质系学生与教授古里齐(Prof. Dr. Kaejci-Graf)在广州市南郊外小港(现晓港公园)红色岩系层勘察时的合影(陈国达摄)

(资料来源:陈国达:《广东之红色岩系》,载《国立北平研究院院务汇报》1935年第6卷第1期。以下陈国达摄的照片皆出自该论文。)

1933年7月12日,广东东莞"削佳燕岭"风景显示丹霞层受侵蚀后所成的绝壁(陈国达摄)

1933年8月11日,中山大学地质系学生黄秉维在广州市东郊石牌中山公园牛鼻冈勘察红色岩系(陈国达摄)

1933年8月11日,陈国达拍摄于广州市东郊程社西界,从珠江北岸向南拍摄。他认为该照片"显示陆相红层侵蚀后所成之地形,低丘起伏平缓,全与丹霞层所成者相异"

（一）初创阶段（1928—1949年）

陈国达的毕业论文《广东之红色岩系》获得国立北平研究院地质研究奖金。图为1934年6月17日《广州民国日报》的报道

2. 弦歌不辍

抗日战争全面爆发后，日寇多次轰炸中山大学。在国难深重的岁月里，中大师生不畏艰险，坚持教学科研。广州沦陷后，为保存中国高等教育火种，中山大学誓不资敌，数次迁校。1940年，中山大学烽火逆行，从云南迁回粤北坪石办学。在战时图书、仪器极度缺乏的恶劣条件下，教师们长期带领学生野外实习，尤其对粤北丹霞地貌进行深入勘察。严格的野外训练培养了一代代实地勘测和理论能力兼备的学生，赓续了丹霞地貌研究的学脉。

吴尚时（1904—1947），字一龙，广东开平县人。中国近代地理学重要开创者之一。从事地理研究前后仅13年，但取得的成果多属空前创见，时值中国地理学近代化的关键时期，其研究推进了中国地理学研究融入世界科学共同体。在抗战时期中山大学回迁粤北之际，对仁化、南雄、乐昌等县多处红岩盆地进行了实地考察，著述颇丰，将丹霞地貌研究提升到新高度

（资料来源：陈吉余、吴超羽、司徒尚纪：《吴尚时对中国近代地理学的贡献与学术思想探讨》，《地理学报》2017年第72卷第7期。）

中大师生在战火中坚持教学科研。图为吴尚时带领地理系1938届学生在广州西北郊考察（右一吴尚时，右三陈小澄，右五缪鸿基，右九何大章）

（资料来源：司徒尚纪：《吴尚时》，广东人民出版社1995年版，插图页。）

（一）初创阶段（1928—1949 年）

吴尚时在野外考察
（资料来源：韶关市丹霞山管理委员会：《丹霞地貌百年科研历程展览纪念画册》，2022年版，第15页。）

1939 年初，中大学生随校西迁云南，束装徒步数千里。学生各就其所学，沿途实习，图为地理系学生在途中测绘
（资料来源：《今日中国》1939 年第 1 卷第 6 期。）

1940年8月,中山大学从云南迁回广东粤北坪石一带办学。图为坪石金鸡岭
(资料来源:《良友》,1934年第95期。)

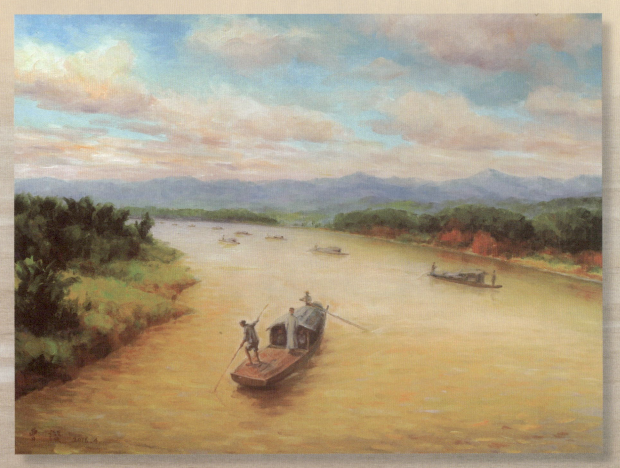

20世纪40年代初,陈国达多次在粤北坪石武水一带考察。图为中山大学师生在武江河上(曹讚绘)
(资料来源:曹讚编:《澄江坪石 山高水长——抗日战争时期中山大学建筑风景油画集》,岭南美术出版社2016年版,第33页。)

（一）初创阶段（1928—1949年）

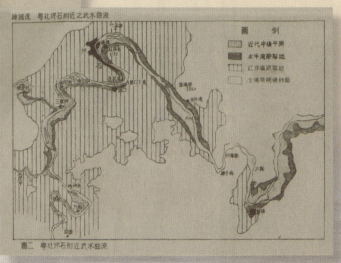

1943年，陈国达在《地理》期刊发表《粤北坪石附近之武水河曲》，其论文及手绘地质插图中，多次出现"丹霞层"

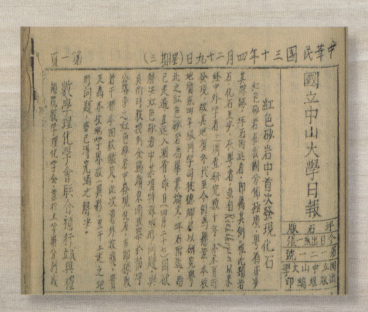

1941年，中山大学吴尚时教授带领学生考察金鸡岭时，在红色砂岩中发现化石。图为1941年4月29日《国立中山大学日报》的报道

地質學界之異彩 發現紅砂岩化石

【曲江九日下午八時二十八分發專電】中大教授吳尚時在坪石發現紅色砂岩中化石。查此類岩石，絕少化石，經中外學者調查研究，數十年來無所獲，此次發現殆係首次，可為地質學界放一異彩。

"查此类岩石，绝少化石，经中外学者调查研究，数十年来无所获，此次发现殆系首次，可为地质学界放一异彩。"图为1941年5月11日《大公报》(桂林版)的报道

（一）初创阶段（1928—1949年）

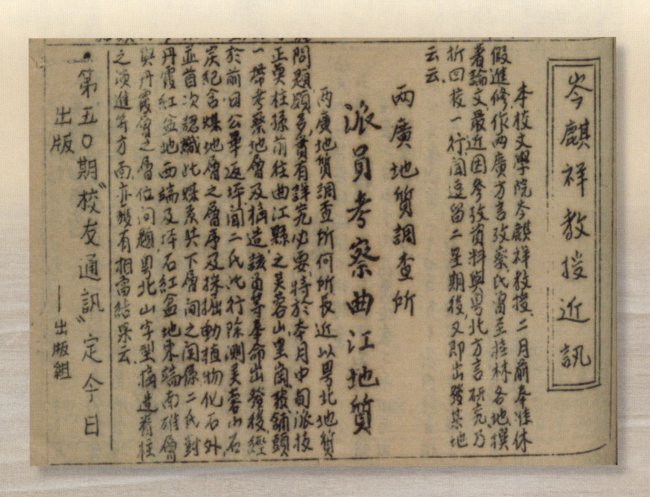

1944年2月，两广地质调查所所长何杰、技正莫柱孙前往曲江县芙蓉山、皇岗、犁铺头一带考察地层及构造。此行在丹霞红盆地西端及坪石红盆地东端南雄层与丹霞层的层位问题等方面收获颇丰。图为1944年2月28日《国立中山大学日报》的报道

1944年5月15日，《国立中山大学日报》对中大地理系师生考察乐昌、仁化、曲江、始兴等地的报道中，提及对丹霞山砂岩的发现

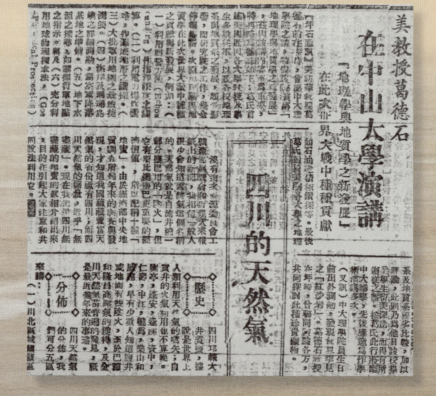

1944年，在吴尚时的盛情邀请下，美国著名地理学家葛德石到坪石访问中山大学。葛德石在地理系做《地理学与地质学之新发展》的学术报告时，特别探讨了中大地理系师生出外测勘时发现的世界罕见的珍贵矿物"红沙岩"。图为1944年4月6日《大公报》（桂林版）的报道

（一）初创阶段（1928—1949年） 17

吴尚时手绘的丹霞山丹霞群峰素描
（资料来源：韶关市丹霞山管理委员会：《丹霞地貌百年科研历程展览纪念画册》，2022年，第15页。）

3. 学有根底

新中国成立以前，中山大学地理地质学人已在广东、广西、湖南等地广泛考察，把以"丹霞"命名的地貌学研究扎根在辽阔的中国大地上。他们在实践中探求真理，孜孜以求，发表了不少有关丹霞地貌的成果，为丹霞地貌研究打下了良好的基础。

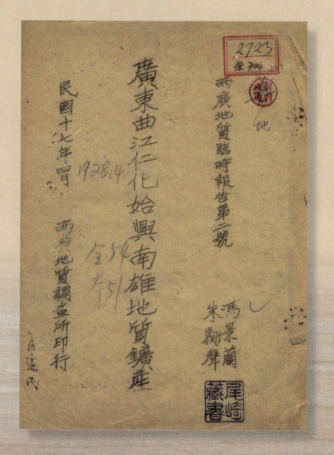

1928年，冯景兰和朱翔声撰写《广东曲江仁化始兴南雄地质矿产》，文中对红色岩系进行了详细精辟的阐述。这是中国学者研究中国红色岩系最早的一篇重要文献
（图片来源：韶关市丹霞山管理委员会：《丹霞地貌百年科研历程展览纪念画册》，2022年，第8页。）

（一）初创阶段（1928—1949年）

1934年，陈国达的毕业论文《广东之红色岩系》初步论述了丹霞地貌的概念

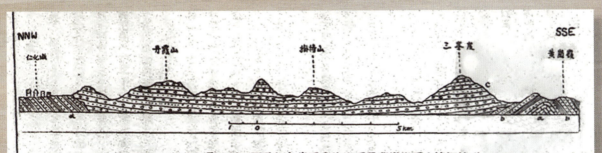

《广东之红色岩系》中的地质剖面图

1939年，陈国达、刘辉泗在《江西贡水流域地质》论文中首次提出"丹霞地形"概念：指第三系下部丹霞层所形成的特殊地貌

（一）初创阶段（1928—1949 年）

關於「中國東南部紅色岩層之劃分」的意見

（馮景蘭）

（國立西南聯合大學）

月前接到中國地質學會會誌第十八卷第三四期，讀了楊鍾健、卞美年、李悅言三君的「湖南之紅色岩層」，及陳國達君的「中國東南部紅色岩層之劃分」（259—324頁）二文，想起我民國十六年冬，在粵北丹霞、南雄、民國二十三年冬，在湖南潭市、湘潭、衡陽、宜章，與民國二十七年春在廣東坪石，雲南祿豐、楚雄，及民國二十八年春在雲南路南旅行時，所得的一點印像和所發生的意見，茲特寫出，以供討論。

一　關於中國東部紅色岩層之劃分問題

楊、卞、李三君以爲不必劃分（Therefore inspite of their complexity, the red beds are a single stratigraphic unit. 見293頁），陳君以爲可以劃分（見301頁「Abstract」Two subdivisions of the red beds can be distinguished.....）。我對於劃分或不劃分問題，並未深刻研究。但本倉促的旅行，淺浮的印像，所造成的意見，以爲如果能以劃分，還是劃分比較易於研究，就是沒

冯景兰虽于 1929 年离开中山大学，但仍牵挂着丹霞地貌研究。1939 年，关注到陈国达在《地质论评》发表的《中国东南部红色岩层之划分》，冯景兰发表了评论文章

在陈国达之后，中山大学地理地质学人如吴尚时、曾昭璇等先后对中国南方红层的地层、岩性、构造、地貌发育等进行了不同程度的研究与论述。

曾昭璇（1921—2007），字坚白，广东省广州市人，中共党员，我国著名地理学家、地貌学家和教育家、中国地理科学成就奖获得者、中国第四纪研究功勋科学家，在自然地理、地貌和历史地理等诸多学科领域都卓有建树。1939年考入中山大学，跟随导师吴尚时到湖南、粤北等地实地考察。毕业留校工作后，曾作为助手与吴尚时一道，对粤北红色岩系的地质和地貌做了深入的研究

（资料来源：谢炎、区树鸿编著：《曾昭璇教授传略》，华南师范大学地理系2000年版，插图页。）

1945年，曾昭璇《仁化南部厚层红色砂岩区域地形之初步探讨》一文，对丹霞地形发育从构造台地到寨、峰林地形和残留地形的规律做了分析，成为丹霞地形的初步研究

（一）初创阶段（1928—1949年）

粵北硃石紅色盆地

吳尚時著　曾昭璇譯

（一）地形

硃石紅色巖系，分佈于硃石四周低地中。四面爲高山所包圍，在東面及東南面爲1000m.以上之嶠山山脈及九峯山脈所屏隔，西北面有騎田、摺蠻、香花諸嶺，亦皆1000m.以上之高山。西南部份爲九百公尺之石灰巖高原，東北行又有五百公尺左右之古山地。不過此二方面坡度不成急轉，地勢慢慢上昇，不顯截然界棱。東南與西北二側，由於構造上原因，山體急速突起，無轉換斜坡，不及半公里距離，高差可在600公尺以上，故使硃石低地更覺低落，分界截然。

硃石低地爲紅色巖系所遍佈。但由于最近地形之演進，使前紅色巖系亦得露頭于低地四周，甚或盆地中部。因其處紅色岩系厚度不大，亦有右地層露出，如三星坪，大嶺一帶，即爲好例。此種情形，對于了解紅色岩系沉積環境，極有幫助。吾人旅居硃石數年，朝夕相見，故本盆地工作亦較詳細。

就地形而言，本區大致可分爲二大區域：一爲高原或破碎台地區域，一爲單斜構造區域，其分界截然。自硃石以東，即見一高崚懸崖雄立于坵陵走廊之上，連綿不斷，由北向南伸展，凡數公里。至武水南岸懸崖走向轉而作SW-EN，崖壁每爲廣谷侵入，使較破碎。懸崖上面，地形起伏和緩，呈高原形狀，懸崖下面，地形作坵陵起伏于河面以上七八十公尺間。自是以西北則爲單斜脊與單斜谷相間區域。

高原表面高度自330m.至400m.不等，地層爲厚層砂岩所組成，岩性團結，石灰含量甚豐，時有礫岩層，故其山坡多作壁立。又以岩層傾角平坦，地表亦因之起伏和緩，侵蝕作用只能沿節理進行。

最完整之高原，位于武水北岸。其西邊一直線崖壁，作南北走向，拔起于200m.左右（絕對高度）之坵陵中，凡100m.雄偉整齊，連嶺幾十公里。除北端旱谷口深入

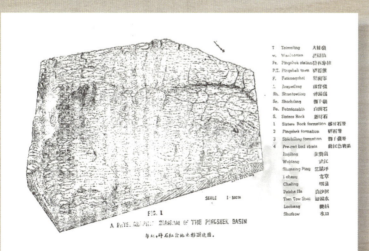

1947年，在吳尚時和曾昭璇合寫的論文《粵北坪石紅色盆地》中，指出了丹霞地形由高原到峰林的地貌發育過程

1946年，中国地质学会举行第二十二届年会，曾昭璇在会上宣读论文《粤北红色岩系》。图为1946年10月29日《民国日报》（江西版）的报道

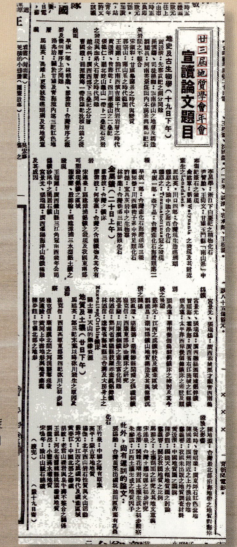

1947年，中国地质学会举行第二十三届年会，吴尚时和曾昭璇的论文《广东坪石红色盆地》在会上宣读。图为1947年11月22日《大公报》（上海版）的报道

（一）初创阶段（1928—1949年）

國立清華大學地學會叢之一

地學集刊

第六卷

民國三十七年十二月

目錄

緬甸獨立與中緬未定界問題	張印堂	(頁1—2)
中國亟需收回港九	張印堂	(3—5)
地理學的因素與原則	許逸超	(6—12)
粵北紅色岩系之地質與地形	吳尚時、曾昭璇	(13—45)
熱河的地理位置和國防價值	徐俊鳴	(46—45)
臺灣之氣候	李式金	(54—59)
阿干鎮煤礦地理	馮繩武	(54—59)
地形學之演變	許逸超	(60—64)
范肯達氏之國家輪迴學說	鄧啓東	(65—66)
從鹽漬土之分佈論歷史時代河域之雨量變遷	文煥然	(67—71)
湖北應城膏鹽礦調查報告	王小魯	(72—79)
四川的河流與交通	張保昇	(80—81)
廣東樂昌峽東北之山地	何大章	(82—88)
從地理學之觀點論我國核心區之轉移	文煥然	(89—93)
地理學者吳教授尚時之思想及其貢獻	曾昭璇	(94—103)
紀念吳尚時教授	張保昇	(103—106)

亞新地學社發行

武昌

1948年，国立清华大学地学会丛之一《地学集刊》刊载了吴尚时、曾昭璇的《粤北红色岩系之地质与地形》

（二）成型阶段（1950—1990年）

20世纪50年代初，因全国高校院系调整，一批丹霞研究专家离开了中山大学，但对丹霞地貌的研究，仍有后继者孜孜以求，赓续前行。

曾昭璇于1960年出版了《岩石地形学》，首次将红层地貌作为独立的岩石地貌类型进行了总结论述。1961年，中山大学地理系学者黄进在编制广东省地貌图时把丹霞地貌作为一种独立的地貌类型，并首次对"丹霞地貌"进行了定义。

"文化大革命"时期，丹霞地貌的学术研究基本处于停滞状态。"文化大革命"以后，曾昭璇、黄少敏继续探讨中国东南部红层地貌的发育和地貌特征。1980年，他们在《中国自然地理：地貌》一书中专题阐述了中国红层的分布、岩石学特征、地貌发育过程和地貌形态特点，对以丹霞山为代表的我国南方主要丹霞地貌发育和地貌特征做了系统总结。

到1982年，黄进总结了近水平红层在湿润气候条件下坡面发育的基本方式和坡面特点。同时，各地学者也对河北、广东、四川等地的丹霞地貌及其利用开展了一定的调查研究[1]。此阶段区域地质调查和综合科学考察为丹霞地貌的研究积累了大量的第一手资料，对各地红层的时代、层位界定有了更为科学的结论。曾昭璇、黄进等人的工作，总结了丹霞地貌研究各个方面的成果，使"丹霞地貌"这一学术名词得到了更广泛的传播与认同，丹霞地貌作为一个独立地貌类型的学术研究已形成体系，开创了一个分支学科的新领域。

20世纪80年代，黄进充分利用中山大学处于广州改革开放前沿、毗邻港澳地区以及与海外联系紧密的有利条件，多次带领境内外高校师生前往丹霞山考察实习，初步开始与国内外大学、研究机构之间关于丹霞地貌研究的学术交流。

---

[1] 如张竹贤、傅叙：《粤北丹霞—坪石红色盆地丹霞群的轮藻》，《地层学杂志》1986年第1期；周红健：《广东丹霞盆地地层的划分及时代归属》，《广东地质》1990年第4期。

（二）成型阶段（1950—1990年）

1. 天各一方

1952年前后，为适应新中国即将到来的大规模现代化经济建设和社会文化建设需要，开展了全国范围的高等学校院系大调整。其间，一些地理学家和地质学家先后离开中山大学，从此也将丹霞研究的种子撒向辽阔的中华大地。

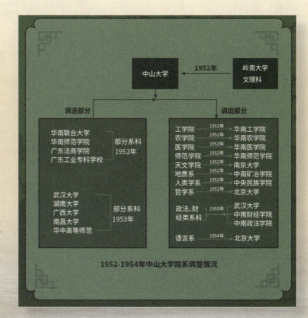

1952—1954年中山大学院系调整情况

院系调整期间，陈国达离开中山大学，历任中南矿冶学院地质系主任、科研部副主任、副院长，中国科学院大地构造研究所所长，中山大学名誉教授等。图为1949级地质系学生在石牌校区与陈国达（站立右一）等老师的合影

1951年，周仁沽、杨超群调离中山大学后，在《地质论评》发表《关于东南沿海一带红色岩系划分的机〔几〕点意见（节要）》，支持了陈国达的地层划分方案

1952年，曾昭璇到华南师范学院工作，仍在原有基础上继续丹霞地貌的研究。1981年起兼任中山大学人类学系客座教授

（资料来源：韶关市丹霞山管理委员会：《丹霞地貌百年科研历程展览纪念画册》，2022年，第19页。）

（二）成型阶段（1950—1990年）

1960年曾昭璇出版《岩石地形学》，首次将红层地貌作为一类独立的岩石地貌类型在专著中总结论述

全国院系调整后，尽管一批专家学者离开了中山大学，地理学科和地质学科仍一如既往地坚持严格的野外训练传统。图为20世纪50年代，中山大学地质系师生在粤北乐昌站候车的场景

2. 苦心孤诣

在多位前辈学者相继离开中山大学后,黄进立志接续传承丹霞地貌研究。20世纪五六十年代,因地理地质测绘仪器缺乏,黄进研制了立体绘图仪和精密微压测高仪。他躬身埋首丹霞地貌研究,足迹遍及广东、湖南和福建等地的丹霞地貌区。改革开放后,黄进多次带领港澳和国外师生到丹霞山考察实习,初步开始了丹霞地貌研究的国内外学术交流活动,为丹霞地貌研究的传承与发展奠定了重要基础。

黄进(1927—2016),又名李见贤,广东丰顺县人。中共党员。杰出的地理学家、地貌学家,中国地理科学成就奖获得者。1948年考入中山大学,1952年毕业后留校任教,1956年荣获"全国先进工作者"称号。曾任中大地理系主任,中国地理学会地貌专业委员会副主任,丹霞地貌旅游开发研究会第一届至第五届理事长及终身名誉理事长等职。长期从事地貌学和河流动力学的教学及科学研究工作,对丹霞地貌、河流阶地、地貌分类、沙波推移和气压测高仪等方面进行了较系统的研究,对中国境内1000多处丹霞地貌分布点进行了实地考察,是第一位全面系统考察研究中国丹霞地貌的学科带头人

1955年,黄进设计发明了立体绘图仪,可以把平面的地形地质图绘成块状立体地形地质图。高等教育部审查后,认为它在改进绘图仪器方面是有贡献的,其构造简单,用法也不大复杂,可以推广使用,介绍到大学或学院的地理系或地质系、地质部、水利部,以及各种地理或地质的勘查队。高等教育部建议将该仪器命名为"李见贤尺"。

（二）成型阶段（1950—1990年） 31

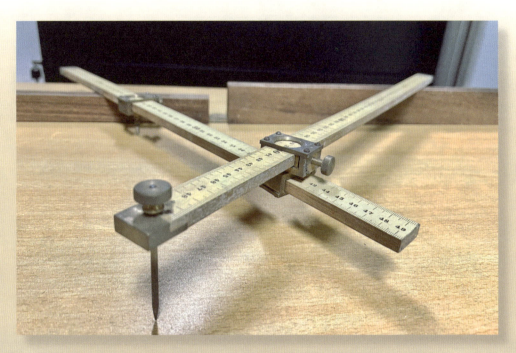

中山大学档案馆所藏的"李见贤尺"

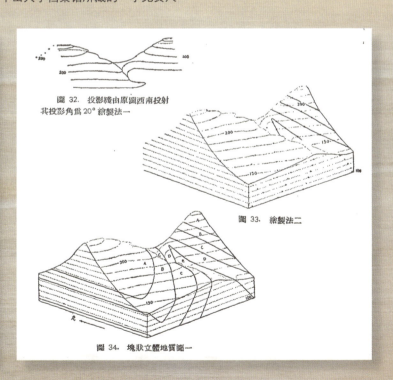

1955年，黄进发表在《中山大学学报（自然科学版）》第3期的论文《由平面地形地质图绘成块状立体图的新方法》

1956年《中山大学周报》关于"李见贤尺"的报道。1955年,"李见贤尺"被中山大学作为校礼赠送给毛泽东主席

黄进因发明"李见贤尺"被评为全国先进工作者。图为1956年4月14日《中山大学周报》的报道

（二）成型阶段（1950—1990年）

1965年，因地貌野外考察的需要，黄进设计了精密微压测高仪。后经不断改进，使测量精度（0.03～0.5 m）几乎达到气压测高的理论值，被命名为"丹霞牌测高仪"，为国内多家高等院校、科研院所等涉及野外工作单位采用，受到使用者的高度评价。

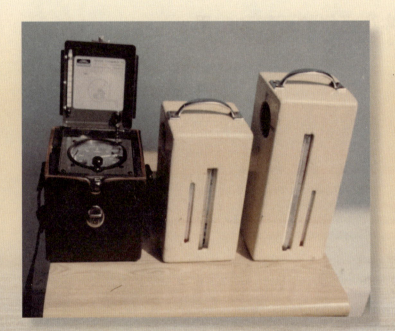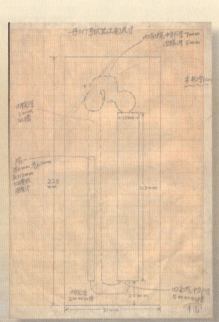

黄进发明的丹霞牌测高仪及其设计图手稿

丹霞牌测高仪气压级表

中山大学学报　1965年　第1期

微压液体测高仪的研究和应用

李见贤　陈华材

(地理系)

摘　要

在进行野外调查工作中，常常由于没有简便而精确的测高仪器（一般空盒气压计，测高误差较大），因此不能获得准确的高度数据，大大影响了工作的进行和质量。为了解决这个问题，我们研究了Д.И.門捷列夫（1874）所发明的差示气压计的原理以及前人根据这种原理所制成的测高仪器，改进了仪器的装置，制成了一种简便而精度较高的测高仪器。

仪器一次能测120米的高差，精度为±0.5米，个别情况出现±0.8米。

仪器的使用很简便而计算快速，一般测量高差120米的地形，往返观测两次，只需20余分钟，计算时间约数分钟即可。

仪器具有轻巧的特点，其外壳体积为9.3×7.4×16cm，重量为1.25市斤。

仪器构造简单，制造容易而造价低廉，每个約需人民币10余元。

一　前　言

在野外调查工作中，常常由于沒有简便而精确的测高仪器，或因测高仪器的精度不高（如一般的空盒气压計），往往不能得到准确的高度数字，因而大大影响了工作的进行和工作的質量，所以許多同志苦于寻找一种简便而准确的测高仪器，以便解决野外的测高問題。

为了解决这个问题，我们研究了Д.И.門捷列夫（1874）所发明的差示气压計的原理及前人根据这种原理所制的测高仪器。經过二年来的研究，进一步探討了門氏的原理，改进了仪器的装置，制成一种简便而精度較高的微压液体测高仪。

这种仪器一次能測120米的高差，精度可达±0.5米。

---

* 1964年12月20日收到。

黄进、陈华材发表在《中山大学学报（自然科学版）》1965年第1期的论文《微压液体测高仪的研究和应用》

（二）成型阶段（1950—1990 年） 35

20 世纪 50—80 年代，黄进先后考察了广东南雄、连县、仁化等县和福建永安等地的丹霞地貌，并多次带领境内外师生到丹霞地貌区考察实习，开始了对丹霞地貌坡面发育的系统研究，为"丹霞地貌"这一学术名词被中国学术界广泛认可打下了基础。

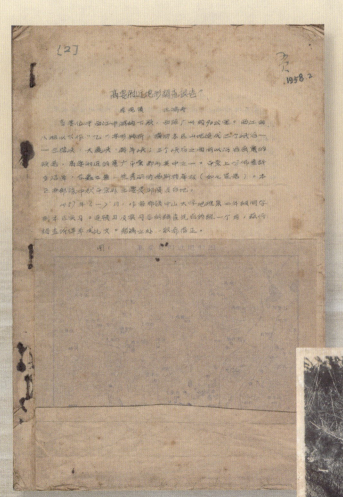

1957 年 6—7 月，黄进带领中山大学地理系二年级学生到高要地区地质实习，并撰写了调查报告

20 世纪 60 年代，黄进在考察丹霞地貌时拍摄的照片

黄进发表在《中山大学学报（自然科学版）》1961年第4期的论文《广东省的地貌类型》，此文为广东省地貌图说明书的摘要

黄进的《广东省地貌类型面积统计》手稿

（二）成型阶段（1950—1990年）

1961年，"丹霞地貌"首次作为正式词条列入中华书局出版的《辞海（试行本）·地理分册》

20世纪70年代末，黄进拍摄的丹霞山地貌（左图为丹梯铁锁，右图为福音峡）

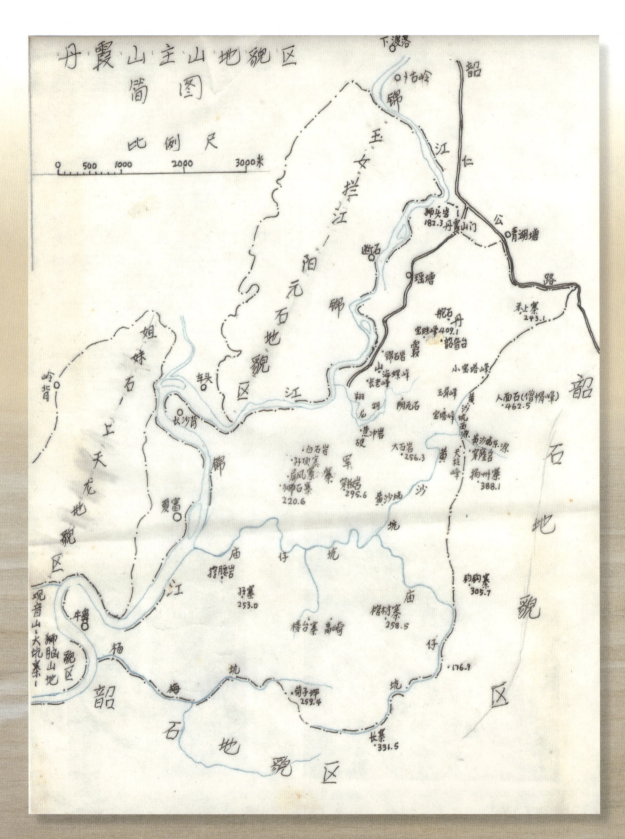

黄进绘制的丹霞山主山地貌区简图

（二）成型阶段（1950—1990 年）

1979 年 8 月，黄进在考察武夷山时拍摄的丹霞地貌——武夷山晒布岩

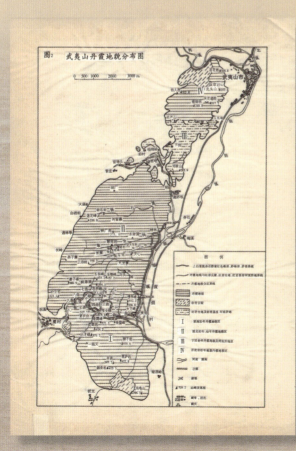
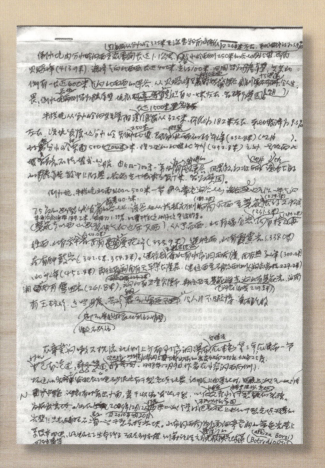

黄进绘制的武夷山丹霞地貌分布图和记录手稿

1984年12月12日，黄进（右三）考察丹霞山五羊石（五马归槽）时，与仁化县建委向主任（右二）、带路人朱家昌（右一）、赖司机（右四）等的合影（张克东摄）

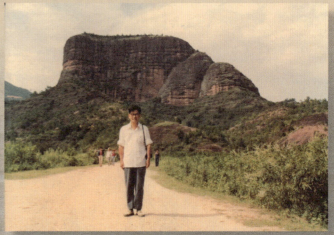

1986年8月13日，黄进考察广东南雄苍石寨

1988年5月，黄进（右）考察霍山丹霞地貌

（二）成型阶段（1950—1990年）

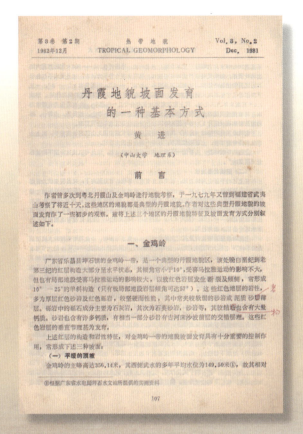

1981年，黄进在山西大同召开的中国地理学会构造地貌学术讨论会上宣读了系统论述丹霞地貌发育过程的经典论文《丹霞地貌坡面发育的一种基本方式》。该论文于1982年发表在《热带地貌》第3卷第2期，被学界认为是丹霞地貌深入研究的标志性文献，至今仍被国内学者广泛引用

黄进高度概括的"顶平、身陡、麓缓"三种坡面，是丹霞地貌中最基本、最简单的坡面类型，也是丹霞地貌的基本形态特征。这简洁和准确的六字流传甚广。图为黄进拍摄的丹霞山圣上岩的"顶平、身陡、麓缓"坡面

黄进的国家自然科学基金课题"中国1：100万地貌图编制研究"荣获1989年中国科学院自然科学二等奖，图为获奖证书

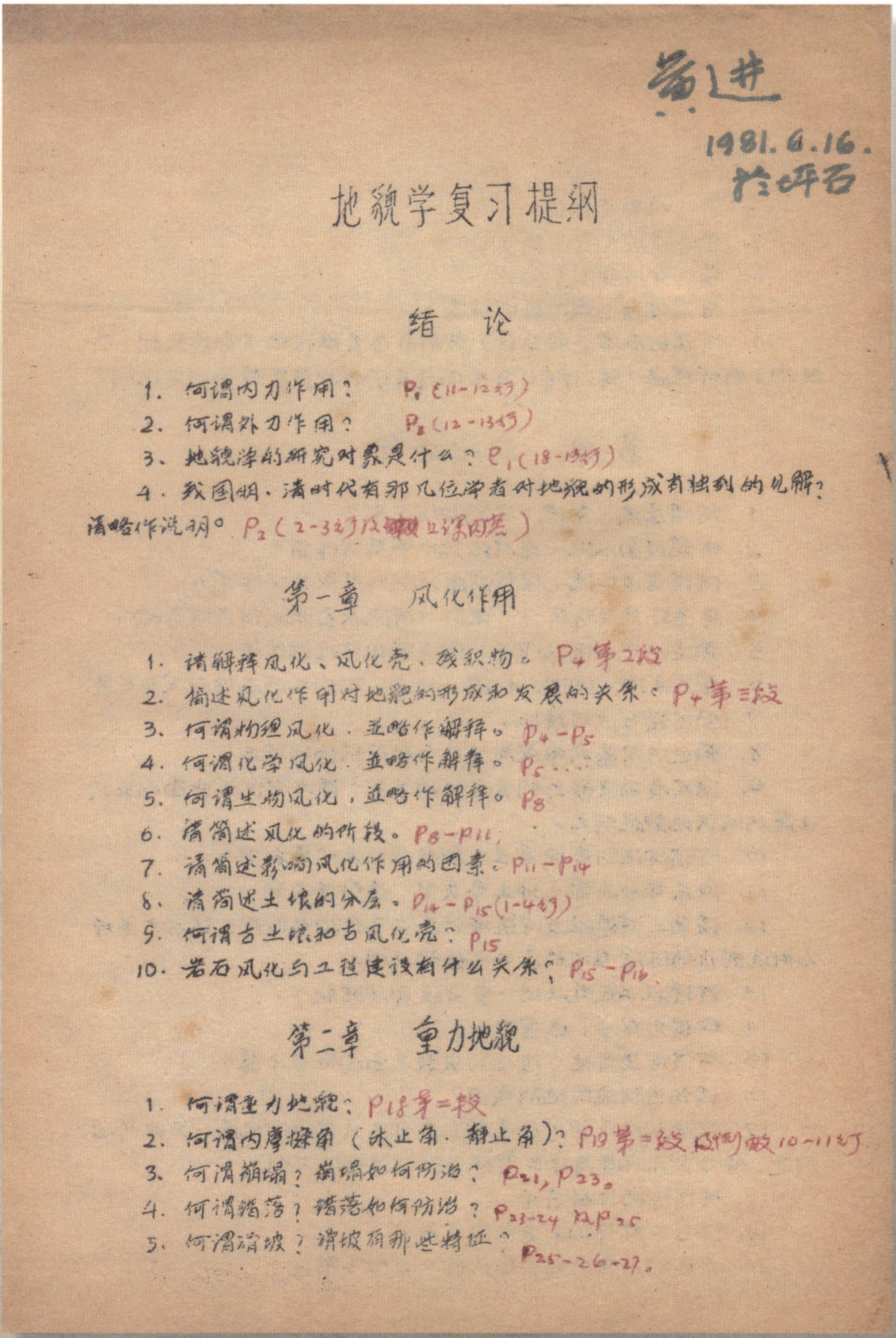

黄进 20 世纪 80 年代初编写的《地貌学复习提纲》

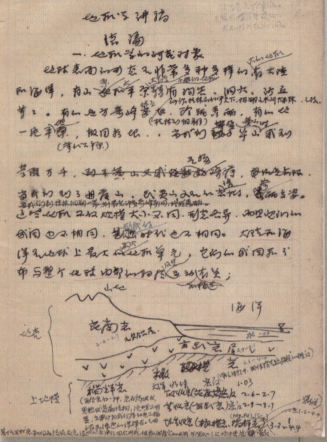

黄进的《地貌学讲稿》

（二）成型阶段（1950—1990年）

黄进带领的粤北地学参观实习团
（粤北线）日程安排及路线图

1985年，中大地理系研究生李定强跟随导师黄进到青藏高原考察，并将考察经历写成《青藏行记略》，发表在1985年9月21日的《中山大学校刊》上

（二）成型阶段（1950—1990年） 47

1982—1986年，黄进多次带领香港中文大学师生到丹霞山考察实习。左图为黄进（左）于1983年6月带香港中文大学地理系学生到丹霞山考察时的留影。黄进手中所举锦旗为香港中文大学崇基学院地理学会敬赠（右图）

20世纪80年代，黄进（二排中）与香港中文大学地理系师生考察粤北

20世纪80年代，黄进（后排右）带领美国留学生安嘉梅（后排中）到丹霞山实习

（三）大发展阶段（1991—2009 年）

在 20 世纪 90 年代之前，丹霞地貌的研究仍处于个别的、零散的、具体问题研究的阶段。1990 年黄进主持了第一个丹霞地貌研究的国家自然科学基金项目，开启了他对中国丹霞地貌的全面考察。

1991 年，黄进与北京大学陈传康教授共同发起，在广东丹霞山召开了第一届全国丹霞地貌旅游开发学术讨论会，并成立了研究会，推动丹霞地貌研究进入大发展阶段。1990 年以来，黄进对全国近千处丹霞地貌进行了考察，并带动各地学者开展了广泛的调查和研究。

1991—2009 年，中山大学作为主办单位之一，组织召开了 11 届全国性的丹霞地貌学术讨论会，出版了 10 本论文集，收录会议论文和在其他学术刊物上发表的论文 600 多篇；以中山大学为代表的多所高校先后培养丹霞地貌研究生，完成硕士学位论文 7 篇，博士学位论文 1 篇。发表的论文相当于学术讨论会成立前 60 年总和（65 篇）的 10 倍。研究内容涉及基本理论（定义、分类、特征、沉积、构造、营力、发育机制）、研究方法（测年、岩石分析、应力分析、遥感、制图）、历史文化（丹霞地貌与宗教、崖刻、造像、古人类、岩墓、悬棺、古山寨的关系）、保护与利用（资源评价、规划、保护、开发）和科普教育等。

由于以往丹霞地貌研究缺乏对外交流，国际上并不了解中国丹霞地貌的研究状况。1998 年在第五届全国丹霞地貌旅游开发学术讨论会（湖南通道）上，中山大学彭华副教授接任研究会理事长，提出了加强丹霞地貌学科建设和 10 年内推动丹霞地貌走向世界的目标，并提出通过发表英文论文、出版英文著作、参与国际活动和申报国际品牌、召开国际会议等途径寻求突破。2000 年，在国际地貌学家协会（International Association of Geomorphologists, IAG）南京专题会议上，彭华出版并提交了中英文对照版的《中国丹霞地貌及其研究进展》并做了大会交流，让国际同行对丹霞地貌有了初步了解并开始了一定范围的国际交流。2004 年 2 月，在彭华的主持下，丹霞山以"丹霞地貌类"成功申报世界地质公园，"Danxia Landform（丹霞地貌）"成为被国际地质科学联合会（International Union of Geological Sciences, IUGS）和联合国教科文组织接受的概念，并在其官网上进行了介绍。之后，福建泰宁和江西龙虎山丹霞地貌区又先后成功申报世界地质公园。其间，国内丹霞地貌学科体系也日趋完善，其标志是，2006 年，丹霞地貌第一次以专章的分量被写入普通高等教育"十五"国家级规划教材《现代地貌学》（高抒、张捷主编，高等教育出版社 2006 年）。

（三）大发展阶段（1991—2009 年）

　　2006 年 7 月，第十届全国丹霞地貌旅游开发学术讨论会（甘肃张掖）提出了中国丹霞联合申报世界自然遗产的倡议，12 月官方正式启动申遗论证。对于丹霞地貌学科发展来说，中国丹霞申遗的过程，也是推进丹霞地貌研究和进行国际推广的过程。中山大学作为中国丹霞申遗最早的倡导和发起单位，在丹霞申遗项目中发挥着主心骨的作用。6 省 100 多位国内专家参与了申报项目的基础研究和文本编制；有 30 多位国际地质科学联合会、国际地貌学家协会和世界自然保护联盟（International Union for Conservation of Nature, IUCN）的知名专家考察了中国丹霞提名地和相关的代表性丹霞地貌区，召开各种类型和规格的国际讨论会和论证会 20 多次。这些研究与交流，为 2009 年 5 月在广东丹霞山召开的第一届丹霞地貌国际学术讨论会奠定了基础。

　　这个阶段，丹霞地貌研究在全国展开，呈现出空前活跃的发展局面；丹霞地貌成为当代中国地貌学的一个重要分支和生长点，并直接或间接地服务于经济建设，得到学术界与社会的高度关注。同时，中国学者逐步推动了丹霞地貌的国际研究与交流，为丹霞地貌走向世界做好了前期准备。

1. 术业专攻

黄进不懈进取，专攻丹霞，历尽艰辛，踏遍祖国山水。1990年前后，黄进先后得到中山大学和国家自然科学基金的资助。10年间，他主持的课题组先后对我国28个省、市、自治区的400多处丹霞地貌进行了考察，发表论著数十篇（部），同时也带动了一批学者参与各地丹霞地貌的研究，把丹霞地貌研究区域不断扩大。

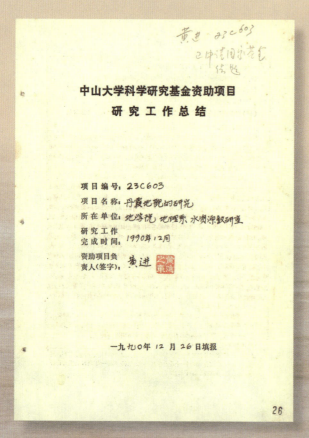

1990年，中山大学科学研究基金资助黄进"丹霞地貌的研究"项目

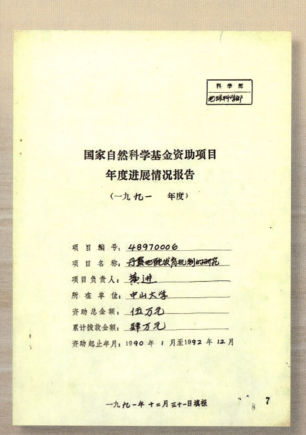

1990年，黄进主持的"丹霞地貌发育机制的研究"得到国家自然科学基金的资助

(三)大发展阶段(1991—2009年)

1992年12月8日,黄进(左)考察广东省仁化县丹霞山时与带路人刘雪古(中)、刘志常(右)爷孙二人在望郎归合影

1991年10月11日,黄进(中)考察浙江江郎山丹霞地貌时的合影

1992年4月18日,黄进(右)考察江西赣州通天岩

1993年11月,黄进(右二)在湖南崀山县委书记肖刚强(中)、崀山县山丘开发办主任李先刚(右一)等人陪同下考察崀山骆驼峰

1993年4月14日,黄进(中)、黄可光(左)和陈致均(右)在武夷山合影

（三）大发展阶段（1991—2009年）

1994年5月，黄进（中）赴丹霞山拍摄教学纪录片

1994年5月21日，黄进（右）、吴起俊（左）和何宪辉（中）考察丹霞山黄沙坑峰林

1994年10月26日，黄进考察湖南新宁县崀山丹霞地貌

1995年，黄进（前排右二）与彭华（后排右一）等人在广西大化红水河合影

（三）大发展阶段（1991—2009 年）

1997 年 9 月，黄进在贵州赤水张家湾考察

1999 年 7 月 28 日，黄进考察贵州惠水县毛家苑乡青山沟丹霞地貌

1999 年 9 月 23 日，黄进在河北井陉苍岩山考察

黄进的部分丹霞地貌考察日记，记载了关于青、蒙、宁、甘、川、滇、黔、鄂、湘丹霞地貌考察所走过的路程

(三) 大发展阶段 (1991—2009 年)

黄进绘制的甘、青、宁丹霞地貌分布图

黄进绘制的川、黔及邻省区部分丹霞地貌分布图

黄进绘制的浙江省丹霞地貌分布图

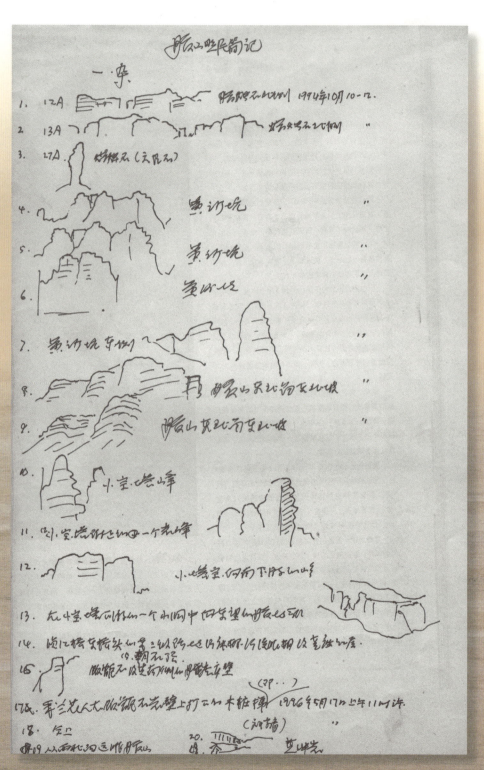

黄进的《丹霞山照片简记》

(三)大发展阶段(1991—2009年)

黄进记录的《中国丹霞地貌简表》,为后来的学者研究丹霞地貌提供了重要的基础材料

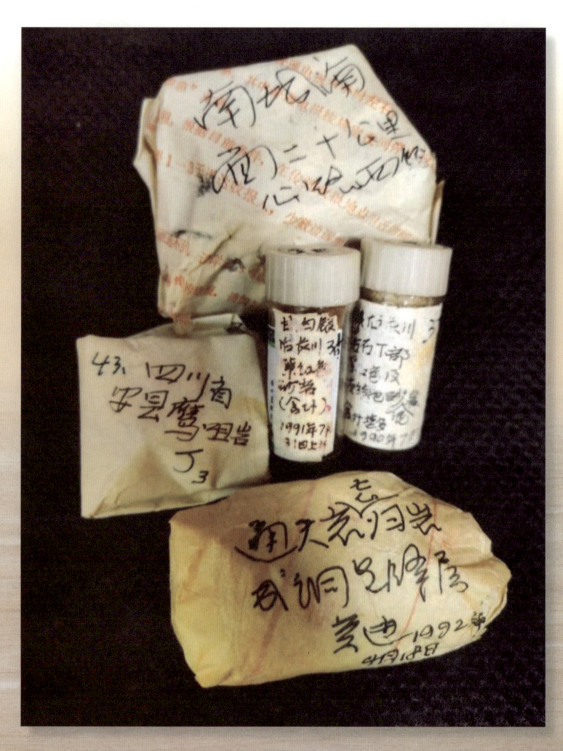

黄进考察途中采集的土壤样本

（三）大发展阶段（1991—2009年）

黄进考察途中采集的岩石样本

第26卷增刊	经 济 地 理 ECONOMIC GEOGRAPHY	Vol.26, Supp.
2006年4月	第九届全国丹霞地貌旅游开发学术讨论会论文集	Apr., 2006

我对中国丹霞地貌的考察（1998）

黄 进

（中山大学地理科学与规划学院，广东 广州 510275）

摘 要：本文记述了作者在1998年到粤北丹霞山，先后两次到湘西南通道万佛山及桂东南博白宴石山、北流铜石岭、龙虎寨—鹅母石、容县都峤山、桂平白石山、金珠-云合山、藤县狮山考察丹霞地貌的情况。最后记述了到闽北武夷山考察丹霞地貌的情况。也记述了在万佛山、都峤山及武夷山采样分析、计算地壳上升速率及地貌年龄的情况。

关键词：丹霞地貌；丹霞山；万佛山；宴石山；铜石岭；都峤山；白石山

1998年3月11日至12月14日期间，作者曾先后考察了粤北丹霞山，湘西南通道万佛山，桂东南博白宴石山、北流铜石岭、龙虎寨—鹅母石、容县都峤山、桂平白石山、金珠—云合山、藤县狮山及闽北武夷山等多处丹霞地貌。兹将考察情况，叙述如下。

1 考察丹霞山及粤北曲江、南雄地质地貌

1998年3月11日—4月28日，赴广东仁化县丹霞山，参加彭华主持的丹霞山地质地貌自然保护区规划评审会，带评审会评委中国地质博物馆研究员潘江教授及邓霭松处长（中央地质部环境司处长，中国地质灾害研究会副秘书长，高级工程师）考察丹霞山，又陪潘江教授参观曲江县马坝人遗址及到南雄市看恐龙化石和上白垩统与老第三系地层界线。筹备在丹霞山召开丹霞地貌小型国际学术讨论会等工作[1]。

2 再次考察湘西南万佛山丹霞地貌

1998年5月11日上午9时，我乘一辆出租小车离校赴白云机场，11时40分已办理登机手续及通过安检。我乘广州至桂林的CZ8932航班，正点起飞为11时45分，因飞机周转原因，推迟到12时10分才起飞。飞机很快飞进云层，又穿出云层，在云海上飞行。在云海上见到一团团突起的积云，空气对流强烈，飞机振动很厉害。不久，飞机下降又进入云层，再穿出云层，已到桂林市郊，于下午1时左右，于桂林国际机场安全降落。受到湖南省通道县政协副主席吴玉春同志及该县旅游局长龙国忠同志带小车前来迎接。

由桂林机场至桂林市内要走20多公里，我们与新华通讯社上海分社的张安蒙等三位拍摄古民居录像的同志共进午餐（由桂林市设计院招待）。午餐费时太多，我们三人于下午4时许才动身经临桂县五通及龙胜县城，至三江县沙宜东侧。是时，天已昏黑，我们的小车再向北进入湖南省通道县境内，在通道城南20多公里的一间侗乡情餐馆晚餐。至通道县政府招待所时，已是晚上11时许。今天，我们由桂林市往通道县途中，我问通道县政协副主席吴玉春同志："吴主席，我去年来通道考察丹霞地貌时，你曾向我说通道县的丹霞地貌面积有168km²，但我从一幅较详细的地质图上量算能形成丹霞地貌的白垩系红层面积只有100km²左右，你所说的面积168km²是怎样算出来的？"吴玉春同志知道我是一位专门研究中国丹霞地貌的学者，他老实地对我说："我坦白对你讲，以前我曾参加过土壤普查，紫色土与丹霞地貌有关，其面积有100多平方公里，为了凑一个吉利数，就说丹霞地貌的面积为168（一路发）km²。我说："丹霞地貌的面积是一个科学数据，怎么能随便凑成一个吉利数呢？"。因此，通道县的丹霞地貌面积确实是多少？就成为我这次再来通道县考察丹霞地貌必须要解决的一个问题。

5月12日上午9时，我与通道县董副县长、旅游局龙国忠局长、万佛山风景名胜区管理处袁文祥主任及政协副主席吴玉春同志一齐商量发出今年在通道县召开第五届丹霞地貌旅游开发学术讨论会第二号通知问题。大家同意通道会议于1998年7月25日代表报到（代表各自带论文60份，在报到时，交给会务组），26-30日上午开会，30日下午散会，代表回原单位。但因当时对怀化、桂林至通道的交通情况了解得不够详细，待详细了解及写进第二号通知后，即可发出会议的第二号通知。然后，对我这次来通道考察万佛山丹霞地

黄进的丹霞地貌考察论文《我对中国丹霞地貌的考察（1998）》

（三）大发展阶段（1991—2009年）

黄进在前人研究基础上，根据历年考察丹霞地貌所得撰写出版的部分丹霞地貌研究著作

2006年，黄进荣获首届"中国十大当代徐霞客"称号

（三）大发展阶段（1991—2009年）

2. 方兴未艾

1991年，黄进与北京大学陈传康教授共同发起并创立全国丹霞地貌旅游开发研究会，组织起一支全国各地包括地质、地貌、生物、土壤、岩石力学、风景与旅游等学科人员参与的研究队伍，成为中国改革开放后10多年来地貌学研究方面一支活跃的队伍，丹霞地貌研究进军全国，形成前所未有的发展局面。

1991年，黄进和陈传康在广东仁化丹霞山发起召开了第一届丹霞地貌旅游开发学术讨论会。图为与会全体代表合影

黄进主编的首届丹霞地貌与旅游开发学术讨论会论文集

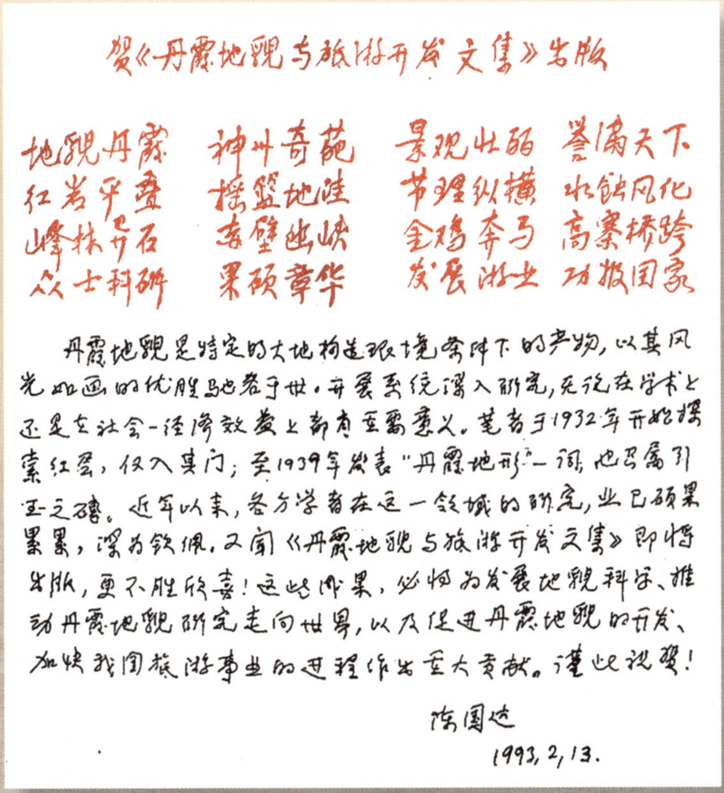

（三）大发展阶段（1991—2009年）

陈国达、曾昭璇祝贺《丹霞地貌与旅游开发文集》出版的题字

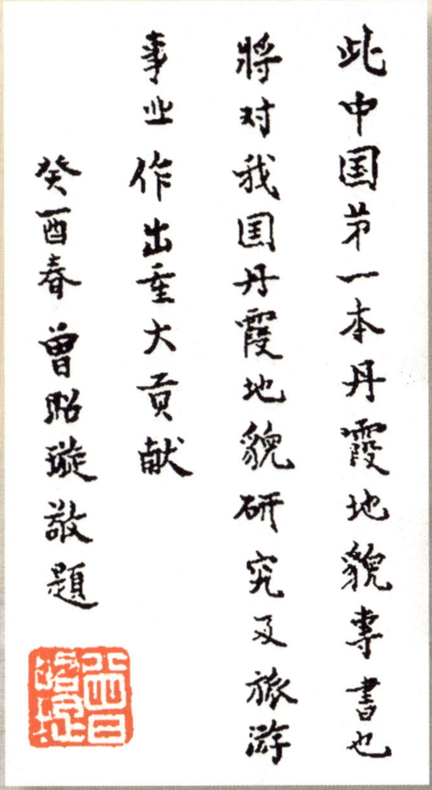

1993年11月，全国丹霞地貌旅游开发研究会和丹霞山风景名胜区管理委员会，联合中国地理学会旅游地貌组、中国旅游协会区域旅游开发专业委员会，在广东省丹霞山召开"第一届全国旅游地貌学术讨论会"。图为第一届全国旅游学术讨论会纪要

(三)大发展阶段(1991—2009年)

为丹霞山作为丹霞地貌的命名地,具有典型性和代表性,地貌类型齐全,风景价值很高,提议首届丹霞地貌及旅游开发国际学术讨论会安排在丹霞山召开。丹霞山风景名胜区管理委员会表示乐意承担这一任务,为大会提供优质服务并筹资出版论文集。同时希望地方政府给予积极支持协助,也希望国内外有志于丹霞地貌及开发利用研究的专家学者积极响应,为这一具有重大科学意义的会议做出努力。

第一届全国旅游地貌学术讨论会全体代表
丹霞地貌旅游开发研究会理事会
广东省丹霞山风景名胜区管理委员会
1992年11月29日通过

关于申报丹霞山风景名胜区为"世界自然遗产"的倡议

1992年11月25~29日,第一届全国旅游地貌学术讨论会在广东省仁化县丹霞山风景名胜区召开。会议期间与会代表听取了丹霞山风景名胜区管理委员会关于丹霞山风景资源及旅游开发的专题介绍,并进行了两天的野外考察。一致认为丹霞地貌发育典型,自然环境保存良好,风景优美,是大自然留给人类的重要遗产,具有不可取代的学术研究价值和旅游开发价值,具备申报世界自然遗产的条件,特提出此项倡议,希望有关部门给予高度重视,积极做好申报准备工作。其依据如下:

1、丹霞山是世界上一类地貌的命名地,具有不可取代的学术价值

本世纪三十年代,我国著名地质学家,中国科学院学部委员陈国达教授将与丹霞山类似的,由红色陆相砂砾岩构成的,以赤壁丹崖为特征的一类地貌命名为"丹霞地貌"(当时称"丹霞地形"),使这一类特殊地貌成为地貌分类学的名词,逐步为国内学术界广为接受,并在国际学术界具有一定影响。根据丹霞地貌发育的典型性、代表性、多样性、不可取代性和自然环境保护的原始性,根据1991年12月首届丹霞地貌旅游开发学术讨论会专家学者倡议,1992年7月经广东省人民政府批准,上报国务院申请建立国家地质地貌自然保护区。丹霞山是此类地貌的命名地和华南地区上白垩统丹霞组标准剖面所在地,丹霞山有着特殊的学术价值、科学价值和科普教育价值。

2、丹霞山是世界上一类风景名山的典型代表,国家重点风景名胜区

在世界上风景名山的地貌构成中,丹霞名山是其中重要的一支。我国的国家级风

景胜区中,就有丹霞山、武夷山、龙虎山、青城山、崆峒山、剑门山、承德棒锤山等由丹霞地貌构成。另外还有几十处省级风景名胜区和一批具备国家级风景名胜区的丹霞地貌名山。目前我国已发现的300多处丹霞山中,丹霞山是其中分布面积最大、发育最典型、造型最丰富、风景最优美的丹霞地貌集中分布区,具有众多堪称世界独特的奇特景点。风景区内群峰成林、疏密相生,洞穴累累,峡谷幽深,石寨(方山)、石堡、石塘、石柱、石桥造型丰富,变化万千,素有红石雕塑园之美誉,是丹霞地貌风景名山的典型代表。而且亚热带天然植被保存良好,野趣横生。锦江似一条玉带,蜿蜒穿行于红色山群之中,沿江赤壁倒悬、竹树葱笼,远山迭嶂、田园锦绣,丹霞山兼险、险、奇、秀、幽、奥、旷于一体,风景美学价值极高,1988年被国务院批准为国家重点风景名胜区。

3、丹霞山是我国研究最深入的丹霞地貌风景区

自1928年中国第一代地质学家冯景兰等在研究了粤北地区的红色岩系之后,即提出形成这一地区红层地形的作用为"丹霞层",并对丹霞形成的地形作了生动的描述。1935年陈国达发表了《广东之红色岩系》的论文,对这一地区的红层地形作了详细描述。1938年他在《中国东南部红色岩之划分》一文中,提出"丹霞地形"的概念。1939年在另一文中正式使用了"丹霞地形"一词。之后冯景兰和陈国达等围绕丹霞地形和丹霞层的问题进行了反复探讨。四十年代以来,以著名地貌学家吴尚时、曾昭璇教授为代表的学者对丹霞山和中国红层进行了深入研究,并从国际术语衔接正式使用"丹霞地貌"一词。六十年代广东省地矿局区测大队对丹霞山地层、岩性、构造、地貌进行了比较全面的研究。七十年代以来,黄进教授多次深入研究区,对丹霞山和丹霞地貌发育的探索次问题进行了更为深入的研究。八十年代中,张捷芬、张竹筠、樟察、705地质队、周红娃、张显球等专用古生物、古地磁和同位素等现代科技手段,对丹霞山进行岩石学和地层学研究,将申请丹霞组标准地层的时代由原来的下三叠系改为上白垩统。1987年~1991年,陈传康教授为首的专家组对整个丹霞风景区215平方公里范围进行了风景、地质、地貌、自然地理、风景资源、人文景观、社会经济和旅游开发等全面研究,作出了总体规划并被批准为国家重点风景名胜区。1991年在丹霞山成立并召开了全国丹霞地貌旅游开发研究会,在代表们的倡议下,黄进教授等又利用传统和现代科技手段相结合的方法,重点对丹霞山的地质、地貌做了更为详细、深入的研究,首次对丹霞山的五条河流的地沉积层和热释光测年,作出了申报国家地质自然保护区基础材料和保护规划,并已上报国务院。另对参与、左蓉石、高度功、刘尚仁、黄瑞红、保继刚等先后对丹霞山地质、地貌、自然环境、风景资源、旅游开发等方面对丹霞山进行了研究。是丹霞地貌风景名胜区中研究最详细、最深入的地区,也是中国风景名胜区中研究最多、资料最完备的地区之一。

4、丹霞山面积广大,内部自然环境与文化遗存保护良好

丹霞山风景区的丹霞地貌集中分布区180平方公里,含外围缓冲地带215平方公里。虽然距离城市很近,但旅游开发较晚,加上区内峰峦密布、沟壑纵横,山高林密,基本无居民,保存了大量谷地型和盛顶型茂密的天然植被,保存了山野风光的原始面貌和生态群

落自然演替的生态环境。旅游开发和地质地貌保护规划中均在核心区划出大片原始风貌保留地,成为当今科学考察和探险旅游的最佳场所之一。

丹霞山区还保留了众多的古文化遗存。相传这里是人类始祖女娲造人补天之处。远古时期曾是岭南与中原交通必经之地,至今韶石山景区保留韶北舜帝古迹、4000多年前舜帝南巡经过此地,登韶石奏韶乐并命名各石38名。隋唐以来已成为岭南佛教名胜。众多文人墨客在此留下了诗文、碑刻、游记和摩崖。唐宋以来僧道道士在门内大兴善水,成为一方净土。目前山区内发现的古崖洞遗存已达40多处,丹霞山外围是古越民族生息之地,山区内已发现大量岩棺等墓葬文化遗迹。尤其是各地市各山头的古山寨,构成了本区文化遗存的一大特色,有"逢山有寨、逢寨有门、逢门必险"的山山水。目前山区内发现的古寨多达130多处,大多位于悬崖之巅或高位洞穴中,以险御敌或防野兽。大量的人文景观对于研究岭南古文化具有重要意义。

综上所述,代表们认为,丹霞山风景名胜区具备上报世界自然遗产的良好素质,建议地方有关部门切实做好风景名胜区及地质地貌自然保护区的资源保护,严格按照总体规划控制旅游开发方向和服务设施建设,并委派当地各级政府对以高度重视,积极协助风景名胜区做好申报准备工作,并按申报程序,主动进取,以争取早日列入世界自然遗产名录。

第一届全国旅游地貌学术讨论会全体代表
丹霞地貌旅游开发研究会理事会
广东省丹霞山风景名胜区管理委员会
1992年11月29日通过

第一届全国旅游地貌学术讨论会通过的《关于申报丹霞山风景名胜区为"世界自然遗产"的倡议》

1993年4月15日，第二届全国丹霞地貌旅游开发学术讨论会在福建武夷山召开

1993年11月，黄进在第一届旅游地貌学术讨论会上发言

1994年10月，第三届全国丹霞地貌旅游开发学术讨论会在湖南崀山召开

1994年10月26日，丹霞地貌旅游开发研究会理事合影

（三）大发展阶段（1991—2009年）

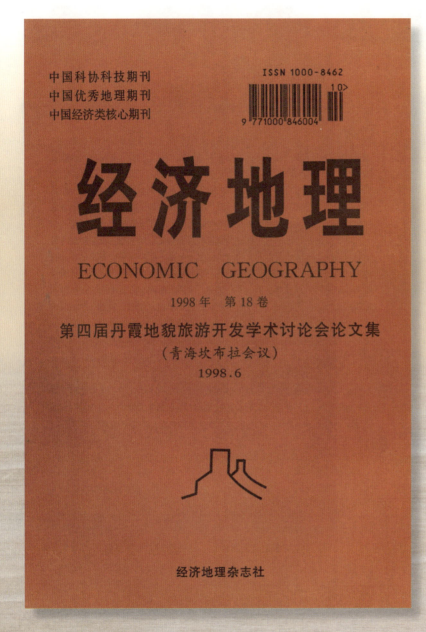

1997年，《第四届丹霞地貌旅游开发学术讨论会论文集》以"纪念黄进七十寿辰丹霞地貌旅游开发研究文集"的形式出版

1998年7月,第五届全国丹霞地貌旅游开发学术讨论会在湖南通道万佛山召开

1998年,第五届全国丹霞地貌旅游开发学术讨论会上,理事长黄进致开幕词。在会议上,黄进辞去了丹霞地貌旅游开发研究会理事长职务,推荐彭华担任研究会理事长

黄进手稿《关于召开丹霞地貌学术讨论会的通知》(1998年)

（三）大发展阶段（1991—2009 年）

第19卷增刊　　　　经　济　地　理　　ECONOMIC GEOGRAPHY　　　　Vol. 19,
1999年10月　　　第六届全国丹霞地貌旅游开发学术讨论会论文集　　　Oct., 1999

第六届全国丹霞地貌旅游开发学术讨论会
纪　要

　　由丹霞地貌旅游开发研究会主办，贵州省遵义市旅游局、贵州习水国家自然保护区管理处、习水县人民政府承办的第六届全国丹霞地貌旅游开发学术讨论会，于1999年7月22日-26日在遵义市、习水县两地召开。来自全国高等院校、科研机构、旅游开发管理机构、政府部门和新闻出版部门等30余个单位的61名代表参加了这次盛会。其中全国16所高校代表29名，政府机关代表16名，旅游开发管理机构代表12名，新闻出版单位代表4名。参加这次会议的代表为丹霞地貌研究与旅游开发方面卓有成就的专家学者和旅游界领导，其中，高学历、高职称的代表比例为历届会议之最，反映了丹霞地貌研究事业日益受到学术界和社会的高度重视，影响面甚广。

　　1999年7月24日上午，第六届全国丹霞地貌旅游开发学术讨论会开幕式在习水县人民政府礼堂隆重举行。习水县主要街道张挂横幅，主会场两旁排列了身着盛装，鼓号齐鸣的少年欢迎队伍，他们高呼口号，载歌载舞，欢迎来自全国各地的专家学者来到习水。场面之热烈，仪式之隆重，会场布置之整洁规范，为历届会议之最。

　　在大会开幕式主席台就座的有：丹霞地貌旅游开发研究会理事长彭华教授，名誉理事长黄进教授，中国地理学会地貌第四纪专业委员会主任委员、北京大学崔之久教授，中国旅游协会区域旅游专业委员会常务理事、兰州大学张林源教授，香港国际旅游观光学会杨禄华教授，习水县县委书记刘兴国，遵义市政府副秘书长张昭年，遵义市旅游局黄光荣局长，中国旅游报贵州记者站、贵州旅游新闻中心主任欧阳昌佩等。会议由北京大学崔之久教授主持，彭华教授代表理事会致开幕词，习水县县委刘兴国书记代表习水县党政领导班子致欢迎词，遵义市张副秘书长代表遵义市政府致辞，省旅游局欧阳昌佩处长宣读了贵州省旅游局给大会的贺电。

　　此次会议得到了贵州省遵义市、习水县人民政府和有关部门的高度重视及大力支持，县党政领导、有关部门负责人自始至终参加大会，虚心听取代表们对习水旅游发展的意见建议，对习水的丹霞地貌旅游带动全地区经济社会的全面发展寄予厚望，投入了很大精力发展地方旅游业，表现出很强的旅游兴县、兴市的热情，使全国代表深受感动。

　　本届大会在丹霞地貌旅游开发研究方面作了深入细致的会前、会中组织工作，使这次会议具有浓厚的学术气氛与较深的研究深度。会议共收到学术论文30余篇，有22名代表在大会宣读论文，交流研究成果。现总结归纳，取得的成果如下：

1　丹霞地貌理论体系已初步成型，基础研究日益深入。

　　经热心丹霞地貌研究的同仁不懈努力，经过数年的研究积累，丹霞地貌已具有较为扎实的理论研究基础，学科体系的构建已初具规模。丹霞地貌研究的先行者黄进教授已开始就丹霞地貌学著文立说，崔之久、张林源、彭华、刘尚仁、罗成德、杨明德等学者也厚积薄发，多有专文著述。如崔之久教授的"比较岩石学与丹霞地貌"一文，其研究方向已侧重丹霞地貌的横向比较，为学科发展壮大创新立意。刘尚仁教授"对丹霞地貌

　　1999年，彭华接任丹霞地貌旅游开发研究会理事长，重点推动了学科体系建设和丹霞地貌研究国际化工作。图为彭华担任丹霞地貌旅游开发研究会理事长后的第六届全国丹霞地貌旅游开发学术讨论会纪要

1999年，第六届全国丹霞地貌旅游开发学术讨论会在贵州习水召开

2001年，第七届全国丹霞地貌旅游开发学术讨论会在福建泰宁召开

在《第七届全国丹霞地貌旅游开发学术讨论会论文集》中，彭华撰文《中国丹霞地貌十年研究回顾——纪念丹霞地貌旅游开发研究会成立十周年》，总结丹霞地貌研究的成果并面向未来，提出要争取与国际研究接轨等努力方向

第22卷增刊　　　　　经济地理　ECONOMIC GEOGRAPHY　　　　Vol. 22,
2002年 6月　　　第七届全国丹霞地貌旅游开发学术讨论会论文集　　Jun., 2002

中国丹霞地貌十年研究回顾
——纪念丹霞地貌旅游开发研究会成立十周年

彭　华

（中山大学地理学系，中国 广州 510275）

前言

1991年12月9日-12日，由陈传康、黄进先生发起在广东省丹霞山召开了第一届全国丹霞地貌旅游开发学术讨论会，会议期间由陈传康先生提议成立了"丹霞地貌旅游开发研究会"。这是我国特殊地貌的第一次旅游开发专业研讨会，标志着我国旅游地貌学的建立和丹霞地貌旅游开发研究走上了一个新阶段。

研究会成立以来，得到了学术界同人和丹霞地貌风景区的积极响应，联络和团结起一支来自全国各地高校、科研院所、风景区开发和管理部门包括地貌、地质、生物、土壤、岩土力学等学科人员参与的研究队伍，成为我国近十年来地貌学领域一支异常活跃的队伍。在黄进先生等人的组织下，在社会各界尤其是丹霞地貌风景区和当地政府的大力支持下，研究会召开了六届全国性的学术讨论会，出版了六集论文集。丹霞地貌研究在全国各地展开，呈现出空前活跃的局面；丹霞地貌学作为地貌学的一个分支，已日益走向成熟，并直接或间接地服务于经济建设，研究会的工作日益得到学术界和社会的认可。

在丹霞地貌旅游开发研究会成立十周年之际，我们特别向丹霞地貌命名者和先驱陈国达先生、丹霞地貌学科的主要奠基人曾昭璇先生致敬；特别缅怀研究会的创始人之一的陈传康先生；特别祝福研究会的带头人黄进先生；特别感谢为丹霞地貌研究事业而不懈努力的各位会员；特别感谢社会各界所有支持和关心丹霞地貌研究事业的人们。

1 科学考察

研究会成立以来，以黄进先生为代表的研究会成员积极投身到各种规模的丹霞地貌的考察研究之中，为丹霞地貌的基础研究和旅游开发实践作出了积极的贡献。特别是黄进先生在这十年中，得到了国家自然科学基金的资助，先后对除了西藏之外的大陆各省区进行大规模的实地考察。到2001年6月底为止，黄进考察了我国的丹霞地貌达500多处，其中在十年间考察的近400处。其间罗成德配合黄进或自行在四川进行了大规模的考察活动。此外，陈致均、黄可光、张林源等对甘肃丹霞地貌作了大量考察，杨明德、陈建庚对贵州的考察，汪榕光、陈友飞对福建的考察，韩振飞对赣南的考察，张忠孝等对青海的考察，温晋林对宁夏的考察，斯仁巴图、额尔德尼对内蒙古的考察，邹文发、文云秀等对湘南的考

（三）大发展阶段（1991—2009年）

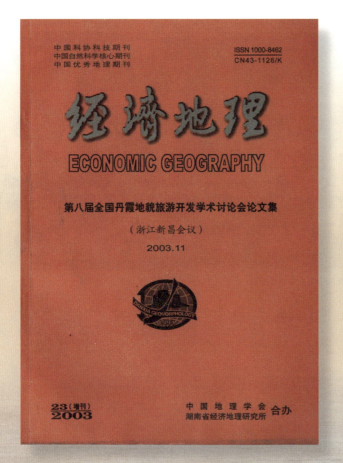

《第八届全国丹霞地貌旅游开发学术讨论会论文集》（2003年）

2004年，第九届全国丹霞地貌旅游开发学术讨论会在广西玉林召开

第十届全国丹霞地貌旅游开发学术讨论会全体代表与张掖党政领导合影

2006年，第十届全国丹霞地貌旅游开发学术讨论会在甘肃张掖召开

2007年，第十一届全国丹霞地貌旅游开发学术讨论会在广西资源召开

3. 开疆拓境

1995年，彭华调入中山大学地理系担任副教授。作为中国丹霞地貌研究的第四代领头人，彭华除了推动丹霞地貌学科体系建设，还确立了推动丹霞地貌走向世界的目标。在他的不懈努力下，作为独立类型的丹霞地貌开始引起了国际学术界的关注，国际同行对丹霞地貌有了初步了解并开始了一定范围的国际交流。在彭华、黄进等诸位学者的主持和推动下，广东丹霞山、江西龙虎山等丹霞地貌区先后成功申报世界地质公园。

彭华（1956—2018），安徽省砀山人，中共党员。1982年毕业于安徽师范大学地理系。中山大学地理科学与规划学院教授，博士生导师，享受国务院政府特殊津贴。主要从事丹霞地貌、旅游地理和旅游规划等教学与研究工作。兼任国际地貌学家协会红层与丹霞地貌工作组主席，中国地理学会红层与丹霞研究工作组主任，住房与城乡建设部世界遗产专家委员会委员，中国地质学会旅游地学与地质公园分会委员，中国丹霞世界自然遗产专家委员会主任，丹霞山世界自然遗产地、世界地质公园总工程师，是当代中国红层与丹霞地貌研究领域的学术带头人、国际著名的地貌学家，是推动中国丹霞地貌研究国际化的代表性人物

1987年，彭华参加北京大学陈传康教授主持的项目，到广东丹霞山考察编写《广东丹霞山国家级风景名胜区总体规划》，自此便与"丹霞"结下不解之缘。图为1987年彭华第一次到丹霞山考察

1992年，彭华担任广东丹霞山风景区总工程师，兼任丹霞山开发区主任助理和旅游开发公司经理。图为彭华手写的丹霞山风景名胜区总体规划（电视片剧本）

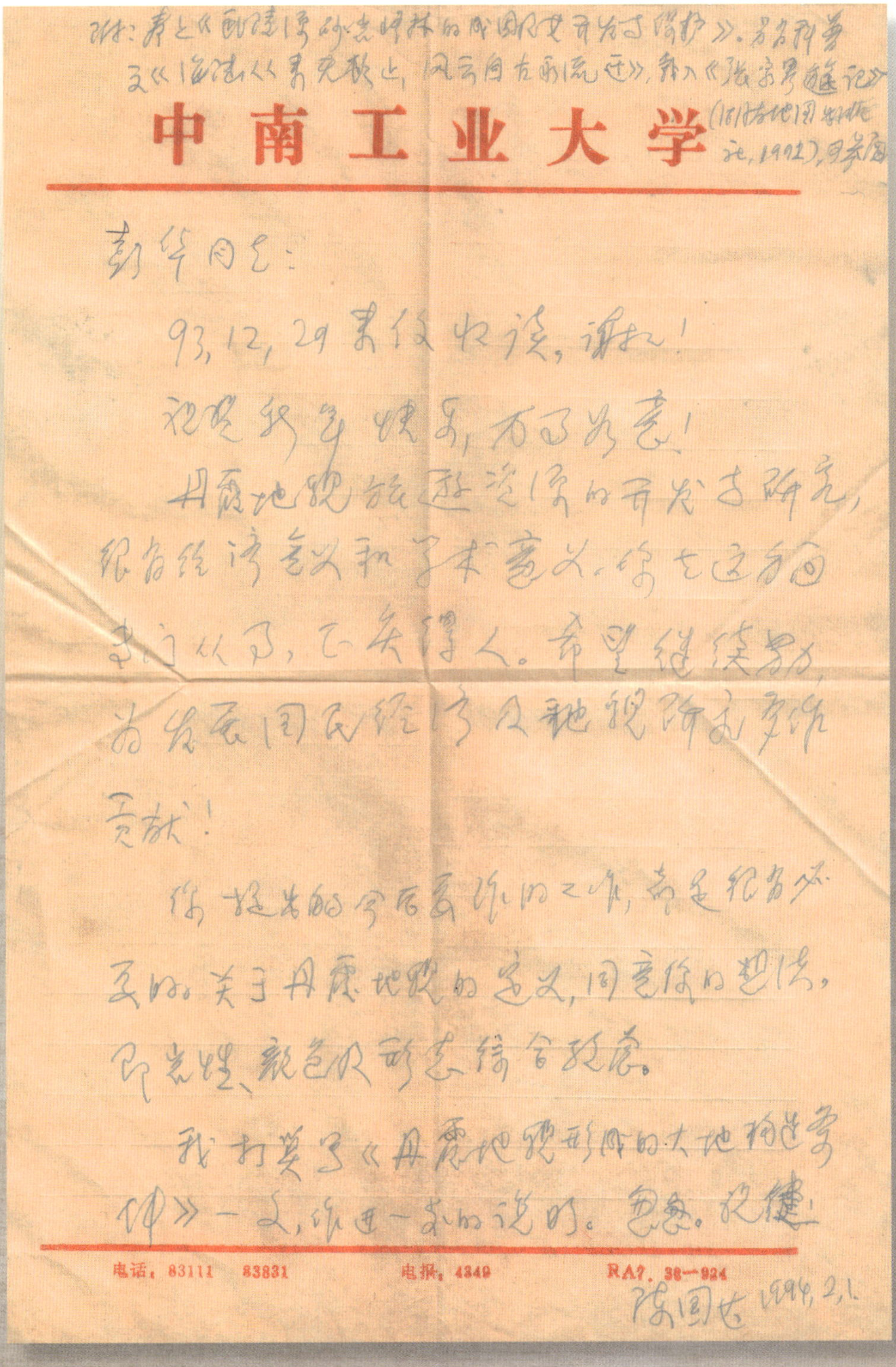

(三)大发展阶段(1991—2009年)

1994年,陈国达致彭华的信

彭华擅长地理绘图，在丹霞研究中常手绘各类地图，曾于1988年出版《地理绘画》一书。第一、第二和第三届丹霞地貌旅游开发学术讨论会论文集中不同作者的丹霞地貌论文插图，几乎全由彭华手绘

1987年8月，彭华手绘的丹霞山图

（三）大发展阶段（1991—2009年） 81

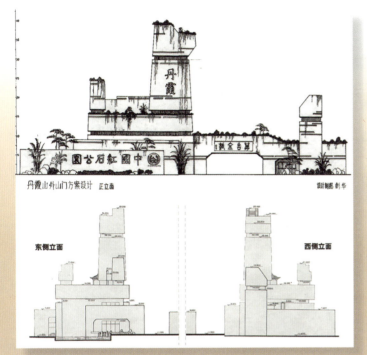
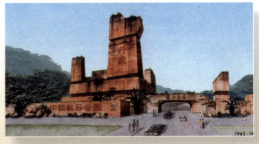

1992年彭华为丹霞山新山门亲手设计的图稿，以及竣工后的丹霞山新山门

自2000年起，彭华陆续在英文期刊上发表丹霞相关论文，后指导完成了第一篇丹霞地貌国际对比研究的博士学位论文，并协助指导了英国、美国和日本的研究生完成与丹霞地貌相关的1篇硕士学位论文和2篇博士学位论文

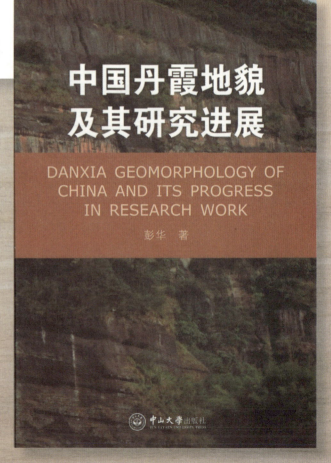

彭华所指导的丹霞地貌国际对比研究论文

2000年，在国际地貌学家协会南京专题会议上，彭华提交了中英文对照版的《中国丹霞地貌及其研究进展》并做了大会发言，让国际同行对丹霞地貌有了初步了解，并开始了一定范围内的国际交流

（三）大发展阶段（1991—2009 年）

2003 年，彭华主持广东丹霞山申报世界地质公园时，向专家组做汇报

2003 年 6 月 16 日，受彭华委托，黄进与一众专家学者前往丹霞山考察，为广东丹霞山申报世界地质公园做前期准备工作时，合影于飞花溪下游的上瀑布（左起：张标兵、张云勃、黄进、石平仁、吴志才）

2003年11月,彭华(右一)接待前来实地调研的世界地质公园专家

2004年2月13日,联合国科教文组织世界地质公园专家委员会在法国巴黎召开的评审会上,丹霞山被评为世界地质公园,成为世界名山。图为丹霞山成功申报世界地质公园新闻发布会

(三)大发展阶段(1991—2009年) 85

联合国教科文组织举行专家评审会
中国 8 处公园被评为世界地质公园

本报巴黎 2 月 13 日电　记者张祝基报道: 联合国教科文组织今天下午在巴黎总部举行专家评审会,在世界范围内评选出首批共 28 处世界地质公园,中国安徽黄山、江西庐山、河南云台山、云南石林、广东丹霞山、湖南张家界、黑龙江五大连池和河南嵩山等 8 处地质公园榜上有名。

建立世界地质公园是为了保护世界地质遗产。地质遗产是追索地球 46 亿年演化历史的重要依据,属于人类不可再生的宝贵财富。中国申报的 8 处国家地质公园是经过国内专家组严格筛选和评审后才推荐出来的。它们在地质、地貌、地球科学普及和研究、公园建设和环境保护等方面各具优势。地质公园的建立对保护地质遗产、优化生态环境、普及地球科学、提供就业机会和支持地方经济可持续发展等方面都有积极意义。

代表中国参加此次专家评审会答辩的国土资源部地质环境司司长姜建军介绍说,建设地质公园的意义在于要从过去对自然资源的单一保护变成开发性保护。

2004 年 2 月 15 日《人民日报》的相关新闻报道

2004 年,彭华、吴志才、张珂、刘尚仁在全国地貌与第四纪学术会议暨丹霞地貌研讨会发表论文《丹霞山建设世界地质公园的意义及其丹霞地貌发育特征》

丹霞山建设世界地质公园的意义及其丹霞地貌发育特征

彭 华[1]　吴志才[1]　张 珂[2]　刘尚仁[1]
(1. 中山大学地理科学与规划学院,广州 510275; 2. 中山大学地球科学系,广州 510275)
E-mail:eesph@zsu.edu.cn

1 前言

1996 年 8 月,第 30 届国际地质大会在中国北京召开,在地质遗迹保护的分组讨论会上,法国的马丁尼(Guy Martini)和希腊的佐罗斯(Nickolus Zoulos)提出了一个"建立欧洲地质公园(Eurogeopark)"倡议,强调"以发展地质旅游来促进地质遗迹保护,以地质遗迹保护来支持地质旅游开发",目的是保护地质遗产,推动地球科学知识的普及、发展区域经济和增加居民就业。欧洲地质公园走出了建立国际性的世界地质公园的第一步(Eder,1999)。2002 年 4 月,联合国教科文组织地学部又发出了世界地质公园工作指南,在更广的区域、更宽的层面为地质公园的建立提出了统一的要求和工作程序,这对于中国开展地质公园的工作也将成为强大的推动力,推动中国的地质公园尽快融入世界地质公园网络[1]。2004 年 2 月 13 日,丹霞山以其独特的丹霞地貌进入了首批世界地质公园群。

2 建设丹霞山世界地质公园的意义

丹霞山由红色陆相砂砾岩构成,以赤壁丹崖为特色,看去似赤城层层,云霞片片,古人取"色如渥丹,灿若明霞"之意,称之为丹霞山。丹霞山又称"中国红石公园",历史上被誉为广东 4 大名山之首,古为岭南第一奇山。现已是国家重点风景名胜区、国家地质地貌自然保护区、国家 4A 级景区、国家地质公园。其研究意义主要有以下几点:

2.1 丹霞地貌的命名地

丹霞地貌是以赤壁丹崖为特色的红色陆相碎屑岩地貌[2,3],20 世纪 30 年代由著名地质学家陈国达教授以最具有代表性的丹霞山命名,学术界半个多世纪以来的研究表明,丹霞山的丹霞地貌发育具有典型性、代表性、多样性和不可替代性。在目前国内已发现的 650 多处丹霞地貌中,丹霞山是发育最典型、类型最齐全、造型最丰富、风景最优美的地区之一,对于丹霞地貌的科学研究工作,具有极其重要的意义。

2.2 地层学

丹霞盆地内部及外缘出露的地层从老至新有:古生界、中生界以及新生界,各种地层比较齐全,是华南地区地层对比的重要区域。

丹霞盆地内的地层从老到新有,下白垩统伞洞组和马梓坪组、下白垩统上部和上白垩统下部的长坝组以及上白垩统的丹霞组等,这些地层经古生物学、同位素年代学及古地磁学的研究,各条界线的时代较为清楚[4]。其中丹霞组是 1928 年由我国早期著名地质学家冯景兰

· 247 ·

2004年，丹霞山成功入选世界地质公园后，彭华主编出版了中英文对照的《中国红石公园——丹霞山》

（三）大发展阶段（1991—2009 年）

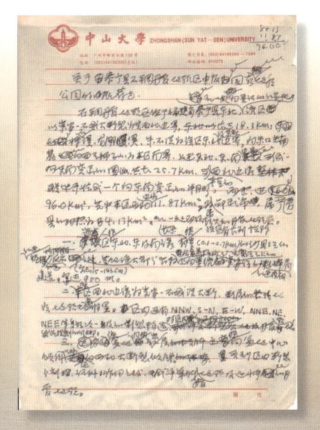

2007 年 1 月 7 日，黄进致江西省国土资源厅和中华人民共和国国土资源部关于推荐龙虎山丹霞地貌区申报世界地质公园的推荐书手稿

黄进的《关于泰宁县石辋丹霞地貌区申报国家地质公园的推荐书》手稿

2008 年，江西省人民政府召开表彰龙虎山世界地质公园申报工作先进单位和先进个人大会。图为中山大学校友、东华理工大学教授郭福生（右）在领奖台上

4. 群贤毕集

这一时期，中山大学的刘尚仁、吴起俊、黄瑞红、张珂、丘元禧和保继刚等学者，也对丹霞地貌及其旅游开发应用等方面做了不少研究，为中国丹霞研究走向全国，乃至走向世界同样做出了贡献。

1991年，刘尚仁、黄瑞红在《中国岩溶》第10卷第3期发表论文《广东红层岩溶地貌与丹霞地貌》

1994年，吴起俊发表在《第二届丹霞地貌旅游开发学术讨论会论文集》的论文《丹霞盆地的基本地质特征》

(三)大发展阶段(1991—2009年)

1995年2月,保继刚、彭华在《地理科学》发表论文《旅游地拓展开发研究——以丹霞山阳元石景区为例》

1996年,黄瑞红在《中山大学学报(自然科学版)》第35卷增刊发表论文《丹霞盆地地貌趋势面分析》

1996年，刘尚仁在《第三届丹霞地貌旅游开发学术讨论会论文集》发表论文《湖南崀山丹霞地貌研究与旅游资源开发》

1997年，丘元禧在《第四届丹霞地貌旅游开发学术讨论会论文集》发表论文《丹霞地貌形成发育的构造因素》

(三)大发展阶段(1991—2009年)

1998年,刘尚仁、彭华在《第五届丹霞地貌旅游开发学术讨论会论文集》发表论文《广东石角丹霞地貌与旅游资源》

1998年,李贞、保继刚、覃朝锋在《地理学报》第53卷第6期发表论文《旅游开发对丹霞山植被的影响研究》,该论文为国家自然科学基金项目"旅游开发的区域效应研究"成果之一

2004年，丁健在《全国地貌与第四纪学术会议暨丹霞地貌研讨会、海峡两岸地貌与环境学术研讨会论文集》发表论文《丹霞地貌旅游开发主要影响因素分析》

2004年，蔡剑波、张珂、刘世宁在《全国地貌与第四纪学术会议暨丹霞地貌研讨会、海峡两岸地貌与环境学术研讨会论文集》发表论文《广东坪石丹霞组红砂岩粒度分析、石英表面形态及其环境意义》

丹霞山旅游文化精品化战略研究

许然，彭华

(中山大学 地理科学与规划学院，广东 广州 510275)

摘要：丹霞山的文化源流包括历史、民俗、宗教和艺术四个方面，其文化资源特质是由丘陵文化、农业文化和客家文化组成的，山、水、农、客、教构成了丹霞山地区最具特点的文化事象。从地域文化系统的角度对丹霞山旅游文化进行挖掘，对于制定丹霞山旅游文化精品化开发的战略思想和行动方案具有重要意义。

关键词：丹霞山；旅游文化；战略

中图分类号：F590.3　　**文献标识码**：A　　**文章编号**：1006-2920(2006)01-0126-03

丹霞山位于广东省的北部，在地质构造上属于南岭山脉内部的一个构造盆地，是丹霞地貌的命名地。丹霞地貌是在红色陆相碎屑沉积岩的基础上发育而成的以赤壁丹崖为特征的一类特殊地貌，由于其整体呈现一种红色峰林式结构，所以具有很高的旅游价值。彭华等对以丹霞山为代表的自然文化的发掘及旅游开发作过比较深入而系统的研究。旅游文化是一个大系统，包含着很多要素，这些要素都会直接或间接地影响到区域旅游开发，因此，即使是对一个以自然山水为主的地区，仅从自然文化方面来研究也是不够的。本文从地域文化系统的角度对丹霞山旅游文化的挖掘与转化战略作一初步研究。

一、文化源流

1. 历史源流　丹霞山开发历史悠久，源远流长。丹霞山附近很久以前就有先民居住生息，其中最早和最著名的是附近的马坝人旧石器时代遗址，新石器时代的遗址更多。其中发掘于东南部的鲶鱼转新石器时代的遗址，表明其文化发展与中原地区处于相当的水平。

春秋时丹霞山为百越属地，战国时为楚国属地，秦朝时归南海郡管辖，赵佗立南越国后又为南越范围。汉时设曲江县，属桂阳郡，西晋时改隶始兴郡。南齐间设仁化县，仍属始兴郡。梁时置东衡州，始兴郡归东衡州管辖。唐贞观元年改东衡州为韶州。梁至唐垂拱三年，仁化县撤销并入曲江县。唐垂拱四年，复置仁化县，隶韶州。自此以降，曲江县与仁化县几经分合。现建制自1983年，丹霞山分属仁化和曲江两县，仁化面积居多。

2. 民俗源流　隋唐以前，这里属古越文化。古越族人受环境影响，除以稻谷为主粮外，还嗜食水产、蛇、虫、鼠类等，现今岭南人独特的饮食风俗，很多就是从古越先人那里继承下来的。除饮食外，古越族人还奉行特殊的棺葬制，多利用悬崖岩洞摆放棺木以藏尸，使之免于人兽侵害。丹霞山内多处悬棺遗迹虽然时代较晚，但也都与这种流习的浸润有关。

3. 宗教源流　据《广东通志》记载，丹霞山古称"长老寨"，又称"烧木佛旧地"。宗教文化的影响由此可见一斑。据传秦汉以前就有得道真人道元在此混元洞、狮子岩一带修行。隋唐、五代时期有游僧居士来此，在青云岩和狮子岩兴起香火。至北宋徽宗崇宁年间，法云居士云游于丹霞，见山石"色如渥丹，灿若明霞"，奇洞胜景，顿觉醒悟，发出"半生都在梦中，今日始觉清虚"的感叹，遂题"梦觉关"，在此建庵宇18间，供奉观音菩萨。清康熙元年，广州海幢寺澹归禅师受山主李充茂之邀在中层开辟道场，营建别传寺，后遂成气候，香火日盛，参拜活动络绎不绝，与附近之曲江南华寺、乳源云门寺并称"粤北三大丛林"。[1](P154)

4. 艺术源流　丹霞山的文学艺术源流也非常悠久和丰富。最早的是关于女娲造人补天的传说。据有关专家考证，最初关于女娲的传说，大体上形成在南岭以南的"蛮夷"地区，后传入中原，并同化为中华民族文化的一部分。当时生活在这里的古越族先民，流传着女娲在此造人补天的传说。据说现在的坤元山(又称地母岭、玉女寨)就是女娲憩卧留下的化身。山下的河流产五彩锦石，汉代时就被称为锦江，据说女娲就是在这里采五彩石补天的。

距今四千多年前，舜帝南巡经过此地，登山而奏韶乐，其音韵出奇动听，遂命名韶石山，并命名三十六石。韶关亦因舜帝在此奏韶乐而命名。在韶石山，宋代即建有韶亭、望韶亭、尽善亭等以及多座寺庙。历代南下文人墨客都前来凭吊抒怀。唐朝韩愈有诗："暂欲系船韶石下，上宾虞舜整冠裾"，宋代苏东坡、杨万里在此都有多首诗词流传。明代嘉靖年间伦

收稿日期：2005-05-18

作者简介：许然(1966—)，男，河南商丘人，中山大学地理科学与规划学院2004级人文地理专业博士研究生。

（四）国际化阶段（2009年以来）

学术界有一个共识，即2009年是中国丹霞地貌研究走向世界的标志年，是中国丹霞申遗的攻坚年。2009年1月，中国政府将中国丹霞申遗资料正式提交联合国教科文组织世界遗产委员会，中国丹霞申遗进入国际论证阶段，中国丹霞世界遗产提名提交2010年的联合国教科文组织世界遗产委员会表决。为了向中国丹霞申遗提供学术支持，2009年5月，中山大学地理科学与规划学院和中国地质学会旅游地学与地质公园分会、中国地理学会地貌第四纪专业委员会、中国丹霞地貌旅游开发研究会共同主办了第一届丹霞地貌国际学术讨论会。大会通过了《丹霞宣言》，肯定了中国学者在丹霞地貌研究方面的贡献，呼吁增加对丹霞地貌的国际认同和开展国际对比研究。至此，作为一个独立类型的丹霞地貌真正引起了国际学术界的关注。在中国丹霞地貌研究80年后，这无疑是一个划时代的跨越，开启了丹霞地貌研究国际化的序幕。

另一个重要的标志是，2009年7月第七届国际地貌学大会（在澳大利亚墨尔本）召开期间，在彭华的积极争取下，由国际地貌学家协会主席Michael Crozier和副主席Piotr Migoń等12人提议，国际地貌学家协会批准设立IAG丹霞地貌工作组（Danxia Geomorphology Working Group），标志着丹霞地貌研究走上国际学术舞台。

此外还有一个标志：国际权威砂岩地貌专家、澳大利亚伍伦贡大学（University of Wollongong）教授Robert Young等在他们2009年新版的Sandstone Landforms中，增加了对中国丹霞地貌的介绍。其中大量引证了中国学者对丹霞地貌的研究成果，尤其是介绍了丹霞地貌的主要理论成果和大量案例。这是国外学者首次引证和介绍中国丹霞地貌的研究成果。

在2010年8月第34届联合国教科文组织世界遗产委员会会议上，由彭华任专家组组长的"中国丹霞"系列提名地被正式列入世界自然遗产名录。这不仅是一个前所未有的大系列项目的成功申报，而且实现了一个地貌类型的申遗，让世界认同了在中国发展起来的一种地貌类型。这是所有中国丹霞学人的成功和荣誉，同时也填补了世界遗产的类型空白。

鉴于上述一系列重大进展，2011年7月中国地理学会第十届四次常务理事会批准设立"中国地理学会红层与丹霞研究工作组"，也标志着一直以来的民间学术组织被国家一级学会认同。

紧接着，中国的丹霞地貌学者们启动了一系列重大活动。2011年10月，在国际地质

（四）国际化阶段（2009年以来）

科学联合会和国际地貌学家协会的支持下，彭华又在丹霞山主持召开了IAG丹霞地貌工作组第一次会议暨第二届丹霞地貌国际学术讨论会。会议通过了IAG丹霞地貌工作组工作计划，发表了《会议宣言》和《丹霞地貌全球研究倡议书》，提出了以中国的研究为基础，启动全球丹霞地貌研究，并逐步完善丹霞地貌理论体系的工作重点。

2012年4月，IAG丹霞地貌工作组作为协办单位，参与了在波兰召开的第三届欧洲砂岩景观学术讨论会（International Conference on Sandstone Landscapes）的筹备，中国丹霞地貌学者做了主题报告，展开了丹霞地貌与砂岩地貌的对比讨论。

从2011年开始，中国丹霞地貌研究形成向红层地貌及红层问题拓展的趋势。在第二届丹霞地貌国际学术讨论会上，国际同行也提出了拓展丹霞地貌研究范围的建议。2013年，中国地理学会红层与丹霞研究工作组正式完成组织形式的定型，并制定了研究领域的拓展计划。这个计划得到了国际地貌学家协会的认同。在2013年8月第八届国际地貌学大会上，国际地貌学家协会批准原IAG丹霞地貌工作组更名为"IAG红层与丹霞地貌工作组"。这不仅是一个名称的改变，而是把以往的地貌和景观研究推向地下—地表—地上的一体化综合研究，是地质—地貌—生态—土地问题的一体化创新拓展，体现了由景观研究拓展到红层区域的地质环境、地表过程、生态安全和国土治理综合研究，拓展了学科的发展空间。

2013年，由中山大学牵头，上海交通大学、南京大学、北京科技大学、中国科学院地理科学与资源研究所和广东开放大学等单位参加的研究团队获得了科技部科技基础性工作专项重点项目的支持，首次在国家层面开展全国丹霞地貌基础数据采集和数据库及共享平台建设的工作。该项目将对丹霞地貌基础研究的规范化和丹霞地貌的国际推广形成新的驱动力，并服务于丹霞地貌旅游区的科教旅游。

2011—2016年，中山大学作为主办单位之一，分别在江西龙虎山、内蒙古巴彦淖尔、甘肃崆峒山、浙江江郎山和贵州赤水组织召开了第十二届至第十六届全国红层与丹霞地貌学术讨论会，其中2015年在浙江江郎山同时召开了第三届丹霞地貌国际学术讨论会。2016年8月，在北京召开第33届国际地理学大会期间，会议筹备委员会安排了红层与丹霞研究分会场。

同时，根据国际、国内两个红层与丹霞工作组的工作计划，以中山大学为代表的各高校启动了一系列的国际合作研究、研究生培养和国际交流项目，取得良好的效果。2013年，彭华招收了来自美国的硕士研究生Scott Simonson；2013年协助指导英国牛津大学的 Brendan Harmon，以丹霞山为案例完成硕士学位论文；2013 年协助指导日本东京大学的 Zhang Wen（张文），以丹霞山为案例完成博士学位论文；2014 年协助指导美国圣路易斯大学的 Ren Fang（任舫），以龙虎山等为案例完成博士学位论文；2013—2014 年，中山大学和斯洛伐克考门斯基大学联合申请的"中国丹霞世界遗产地岩崩灾害风险评估"项目获得中—斯政府间科技合作计划的支持，完成了互访考察和监测仪器的制作与埋设，并根据已获得的数据发表了一批研究成果。2013—2015 年，中山大学博士研究生潘志新获得国家留学基金管理委员会的资助，在美国圣路易斯大学完成了两年的学习研修，双方导师等研究人员进行了互访考察和交流，指导其完成了《美国 Zion 国家公园丹霞地貌发育及其与中国丹霞山的对比研究》的博士学位论文。2013—2016 年，中山大学项目组还先后邀请了多位来自加拿大、斯洛伐克、澳大利亚、塞尔维亚、波兰及中国香港等地的学者到中国内地参与丹霞地貌调查和研讨，参加欧洲地球科学联合会大会等一系列国际合作与国际会议。其间，中山大学校友、东华理工大学教授郭福生的团队就江西红层盆地的地质地貌问题与俄罗斯圣彼得堡国立大学开展了合作研究；2015 年，陈留勤副教授赴美国得克萨斯大学访学，合作研究美国红层与红层地貌问题。

  这个阶段刚刚翻开新的一页，丹霞地貌研究走上了世界学术舞台，开辟了一个国际化研究的新时代。同时，国内的红层与丹霞地貌研究领域也在拓展和综合性深化，一批新成果已经或正在形成，一些新计划和行动已经在国内外展开。

  中山大学百年华诞，见证了中国丹霞研究的百年光辉历程。近一个世纪以来，丹霞地貌研究从无到有，从南粤推广到全国，再从中国走向世界，是中山大学四代学者学脉相承、孜孜以求的结果。"丹霞"这一由中国学者发现、命名的地貌概念，成为唯一以中文命名的、国际广泛接受的地貌概念，使国际同行充分认识到了中国学者对国际地貌学发展的贡献，强化了中华民族的文化自信。

（四）国际化阶段（2009年以来）

1. 走向世界

2009年是中国丹霞地貌研究走向世界的标志年。从这一年起，彭华在推动丹霞地貌研究国际化工作方面，取得了举世瞩目的成就。他坚持从中国丹霞地貌学术研究的历史脉络中开拓前进，不盲从于西方学术权威及其主导的学术话语体系，克服了中西学术传统的交流障碍，使具有中国特色的丹霞地貌研究获得了国际的普遍认可。

2009年，彭华在广东丹霞山组织召开第一届丹霞地貌国际学术讨论会，作为独立类型的丹霞地貌真正引起了国际学术界的关注，在中国丹霞地貌研究80年后，丹霞研究开启了国际化的序幕

彭华（左图右二，右图左一）出席第一届丹霞地貌国际学术讨论会

黄进（中）出席第一届丹霞地貌国际学术讨论会

参加第一届丹霞地貌国际学术讨论会的外国专家在丹霞山考察

(四)国际化阶段(2009年以来)

联合国教科文组织地学部前主任伊德博士在第一届丹霞地貌国际学术讨论会上发言

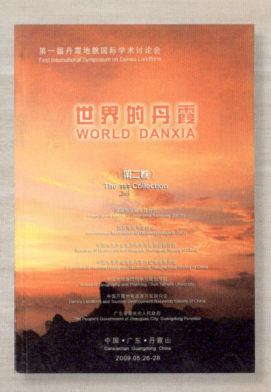

第一届丹霞地貌国际学术讨论会印制了两卷论文集《世界的丹霞》

2009年6月,彭华在《科学通报》上发表《首届丹霞地貌国际学术讨论会成功举办》

2009年7月,彭华被韶关市中国丹霞地貌广东丹霞山申报世界自然遗产工作领导小组评选为"首届丹霞地貌国际学术讨论会先进个人"

2. 声振寰宇

2006年，在国家相关部门的推动下，广东丹霞山、湖南崀山、福建泰宁、贵州赤水、江西龙虎山和浙江江郎山等六地正式确定联合"申遗"。彭华任六省"中国丹霞"联合申遗项目专家组组长、首席专家，在组织协调、基础研究指导、申报材料和管理规划编制、提名地整治指导等方面发挥了核心作用，成功主持了申报研究工作。2010年，经联合国教科文组织世界遗产委员会批准，"中国丹霞"被正式列入《世界遗产名录》。

2007年9月，中国丹霞地貌申报世界自然遗产协调领导小组聘请彭华为中国丹霞地貌申报世界自然遗产专家组组长

2007年11月，第三届世界自然遗产会议在四川峨眉山举办，彭华在会上做了《世界自然遗产提名地 中国丹霞地貌综合陈述报告》

2007年11月，第三届世界自然遗产会议与会专家听取彭华的报告，这是中国丹霞申遗的第一次国际研讨

2007年11月，彭华（右）陪同伊德博士（左）在丹霞山进行考察

（四）国际化阶段（2009年以来） 103

2008年7月，彭华（左一）陪同外国专家在丹霞山考察

2009年4月，彭华在勘察申遗评估科考路线

> 中国丹霞地貌申报世界自然遗产协调领导小组办公室
>
> 丹霞申遗办字〔2009〕22号
>
> 关于邀请彭华教授参加IUCN专家
> 考察评估中国丹霞申遗项目的函
>
> 中山大学：
>
> 中山大学是丹霞地貌学术研究的摇篮和基地，是"中国丹霞"申报世界自然遗产技术支撑的依托单位。近几年来，在中山大学的支持下，以彭华教授为首的贵校专家学者深入各提名地精心指导，会同国际专家和国内专家开展中国丹霞的深入研究和遗产价值论证，精心编制了申报总文本和保护规划及相关申报材料，顺利通过了联合国教科文组织世界遗产中心审查。为了获得国际学术界对中国丹霞申遗的技术支持，成功举办了首届"丹霞地貌国际学术讨论会"，近期内又为迎接国际自然保护联盟的考察评估，完成了相关的技术材料编制。贵校专家组为中国丹霞成功走出国门，并被列为我国2010年世界自然遗产大会提名项目做出了卓越的贡献。
>
> 彭华教授自被聘任中国丹霞申遗专家组长以来，工作勤奋，作风严谨，为中国丹霞申遗呕心沥血，他带领的专家组得到了住房和城乡建设部及六省六地的充分肯定和好评。近期

2009年9月，中国丹霞地貌申报世界自然遗产协调领导小组《关于邀请彭华教授参加IUCN专家考察评估中国丹霞申遗项目的函》

2009年，彭华出席联合国IUCN（世界自然保护联盟）专家考察中国丹霞系列提名地相关责任人学习培训班

（四）国际化阶段（2009年以来）　105

2009年9月，彭华（中）陪同IUCN专家在丹霞山进行考察

2009年9月，彭华（右）陪同IUCN专家在福建泰宁进行考察

2009年9月，彭华（中）陪同IUCN专家前往贵州赤水进行考察

2010年6月，教育部关于彭华随团前往法国、瑞士执行为中国丹霞申遗项目做工作任务的批件

中华人民共和国教育部
出国赴港澳任务批件

教外出〔2010〕453号

兹批准 章新胜 同志等 8 人自 2010年7月4日 至 2010年7月11日 经 —— 前往 法国、瑞士 执行 为中国丹霞申遗项目做工作 任务，在国（境）外停留 8 天。

费用来源： 全部费用由派员单位负担 。
附　注：————
名单附后。

公章：

二〇一〇年六月二十九日

出国（境）人员名单

本单位人数：1 人

序号	姓名	性别	出生日期	出生地	工作单位	职务（级别）/职称
1					中国教育国际交流协会秘书处	会长（副部级）
2					建设部	副司长
3					湖南省住房和建设厅	副厅长
4	彭华	男	1956-1-2	安徽	中山大学	教授
5					湖南省住房和城乡建设厅	干事
6					云南省迪庆州人民政府	州长
7					云南省住房和城乡建设厅	厅长
8					云南省住房和城乡建设厅	主任

公章：

二〇一〇年六月二十九日

（四）国际化阶段（2009年以来） 107

2010年8月1日，巴西第34届世界遗产大会现场。后排左为彭华

2010年8月2日，中国代表团在大会结束后庆祝申遗成功。右四为彭华

2010年8月2日，彭华在申遗成功后接受央视采访

CONVENTION CONCERNING
THE PROTECTION OF
THE WORLD CULTURAL
AND NATURAL HERITAGE

The World Heritage Committee
has inscribed

China Danxia

on the World Heritage List

Inscription on this List confirms the outstanding
universal value of a cultural or
natural property which requires protection for
the benefit of all humanity

DATE OF INSCRIPTION
2 August 2010

Irina Bokova
DIRECTOR-GENERAL
OF UNESCO

2010年，联合国教科文组织世界遗产委员会批准"中国丹霞"正式列入《世界遗产名录》的证书

（四）国际化阶段（2009年以来）

2011年10月31日，国际地貌学家协会丹霞地貌工作组第一次会议暨第二届丹霞地貌国际学术讨论会期间举办中国丹霞世界自然遗产授牌仪式

2011年8月，彭华因成功主持了丹霞申报研究工作，获中国丹霞地貌申报世界自然遗产协调领导小组及各省申遗办授予的"中国丹霞申报世界自然遗产杰出贡献奖"

2010年9月，江西省世界自然遗产管理委员会授予彭华申报世界自然遗产"特别贡献奖"

2010年12月，广东省人民政府授予彭华个人一等功

（四）国际化阶段（2009年以来） 111

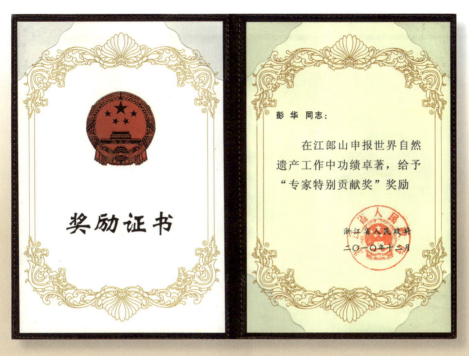

2010年12月，浙江省人民政府授予彭华"专家特别贡献奖"

赤水丹霞申报自然遗产工作得到了著名专家、学者黄进、彭华、梁永宁、熊康宁、肖时珍的大力支持和帮助，为此，赤水市人民政府决定授予这五位专家学者"赤水市荣誉市民"称号。

中共赤水市委常委、常务副市长况顺航宣读赤水市人民政府关于授予"荣誉市民"的决定。

获得"荣誉市民"的代表——肖时珍女士接受颁证

因在赤水丹霞申报世界自然遗产工作中贡献突出，黄进、彭华等人被赤水市人民政府授予"赤水市荣誉市民"称号

2010年12月,浙江省人民政府授予黄进"专家特别贡献奖"

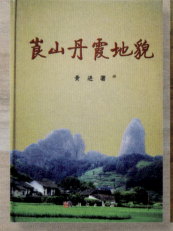

在中国丹霞申遗过程中,黄进带病为湖南崀山和广西资源丹霞地貌提名地做野外考察并撰写论文;他对于丹霞山、江郎山、武夷山和赤水的基础研究,也为当地申遗提供了重要的基础资料

3. 踔厉奋进

中国丹霞走向世界以来，在2009—2017年近10年里，彭华相继组织并主持了八届全国红层与丹霞地貌学术讨论会、两届国际研讨会以及世界地理大会红层与丹霞地貌分会会议。此外，彭华组织了多次国际联合考察，促进并加快了中国丹霞地貌迈向世界科学殿堂的步伐。

（1）学术会议

2011年8月，第十二届中国丹霞学术讨论会暨龙虎山世界遗产保护利用研讨会在江西龙虎山召开

2013年8月，第十三届全国丹霞地貌旅游开发学术讨论会、中国地理学会红层与丹霞研究工作组第一次会议暨巴彦淖尔国家地质公园发展研讨会在内蒙古巴彦淖尔召开

2014年8月，第十四届全国红层与丹霞地貌学术讨论会暨崆峒山资源环境保护与旅游开发专题研讨会在甘肃平凉召开

2015年9月，第三届丹霞地貌国际学术讨论会暨第十五届全国红层与丹霞地貌学术讨论会在浙江江山召开

2016年9月，第十六届全国红层与丹霞地貌学术讨论会暨赤水丹霞世界遗产资源环境保护与旅游开发专题研讨会在贵州赤水召开

（四）国际化阶段（2009年以来）

2016年8月，在北京召开的第33届国际地理大会红层与丹霞地貌分会场
[资料来源：王少华：《丹霞赤子的夙愿——谨以此文纪念彭华教授》（未刊稿）。]

2017年10月，第十七届全国红层与丹霞地貌学术讨论会暨平远县旅游发展研讨会在广东梅州平远召开

平远会议考察时，彭华（中）与历届中山大学校友合影

2018年1月8日，彭华因突发心脏病抢救无效去世。2018年和2019年的全国红层与丹霞地貌学术研讨会，都是在彭华生前落实，并以中山大学地理科学与规划学院为主办方之一而举办的。

2018年8月，第十八届全国红层与丹霞地貌学术研讨会暨新龙县旅游发展研讨会在四川省新龙召开

2019年8月，第四届红层与丹霞地貌国际研讨会暨第十九届全国红层与丹霞地貌学术讨论会在陕西延安召开

（四）国际化阶段（2009年以来） 117

（2）国际考察

2009年10月，美国华盛顿内务部国家公园管理局向广东省韶关市发送邀请函，邀请广东丹霞山代表团2009年11月到美国泽恩国家公园就缔结姐妹公园一事进行考察和商讨

2009年11月，广东省人民政府外事办公室发给中山大学的出国任务通知书，邀请彭华作为代表团专家之一前往美国考察

2011年10月，彭华在国际地貌学家协会丹霞地貌工作组第一次会议暨第二届丹霞地貌国际学术讨论会上发言，提出了以中国的研究为基础，启动全球丹霞地貌研究，并逐步完善丹霞地貌理论体系的工作重点

2011年10月，彭华（右三）陪同来参加第二届丹霞地貌国际学术讨论会的国外专家学者考察丹霞山

(四)国际化阶段(2009年以来) 119

2012年,波兰弗罗茨瓦夫大学邀请彭华赴波兰参加第三届砂岩景观会议的函

2013年,国际地貌学家协会邀请彭华赴法国参加第八届国际地貌学大会的函

2013年8月,彭华与他的学生在法国世界地理大会中国丹霞展板前的留影

2016年8月,彭华(右三)参加第33届国际地理大会

（四）国际化阶段（2009年以来）

2014年，彭华到美国圣路易斯大学进行一个月的访问交流，推动首个中美丹霞地貌国际对比研究。图为美国圣路易斯大学的邀请函和国家留学基金管理委员会的资助出国留学资格证书

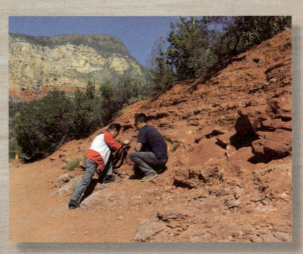

2014年10月，彭华在美国亚利桑那州塞多纳考察

（五）初心使命

一直以来，中山大学有效地发挥中山大学丹霞地貌研究积累和多学科协作的优势，始终把对中国丹霞的研究、保护和可持续发展作为自己永不放松的使命。为了丹霞地貌区的长期发展，中大师生还经常深入农村，广泛发掘山区贫困县的旅游资源，编制开发规划，在村民中普及"绿水青山就是金山银山"理念，助力数万农民脱贫致富。中国丹霞成为展示世界自然遗产风采、增进民生福祉的重要窗口。

1. 学科协作

中山大学的彭华、黄进、保继刚、刘尚仁、李贞、张珂、吴起俊、涂新军、常弘、廖文波、陈炳辉、章桂芳、杨志军等专家学者，从不同学科坚持对丹霞山进行追踪研究，所完成的丹霞山资源环境系列研究成果曾先后获得教育部科学技术进步奖二等奖、广东省科学技术奖二等奖等奖项。20多年来，学校在丹霞地貌基础研究、风景资源开发应用研究、景区规划设计实践、丹霞生态和生物多样性等多方面的研究成果得到了国家的认可，创造了地区旅游与区域协调发展的成功范例。

2007年1月，彭华主持的"丹霞山丹霞地貌风景资源可持续利用研究"项目荣获教育部科学技术进步奖二等奖

2008年5月，彭华主持的"丹霞山丹霞地貌风景资源可持续利用研究"项目荣获广东省科学技术奖二等奖

"丹霞山丹霞地貌风景资源可持续利用研究"研究成果得到了国家的认可，通过学者—政府—企业—农民"协调—制约"的紧密型合作模式，课题组工作直接产生的新增旅游综合收入超过10亿元，创造了地区旅游与区域协调发展的成功范例

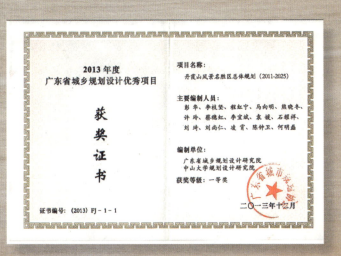

彭华主持完成的"丹霞山风景名胜区总体规划"项目荣获2013年度广东省优秀城乡规划设计一等奖

彭华主持完成的"丹霞山风景名胜区总体规划"项目荣获2014年度华夏建设科学技术奖二等奖

(五)初心使命

2012年，中山大学地球科学与工程学院汤连生教授为韶关市丹霞山风景名胜区管委会提供地质遗迹保护规划技术服务

2012年，韶关市丹霞山风景名胜区管委会与中山大学生命科学学院彭少麟教授签订的"广东丹霞山动植物资源综合科学考察补充考察及出版"技术合同

2015—2018年，中山大学地球科学与工程学院章桂芳副教授主持"丹霞地貌红层矿物高光谱表征机理研究"项目

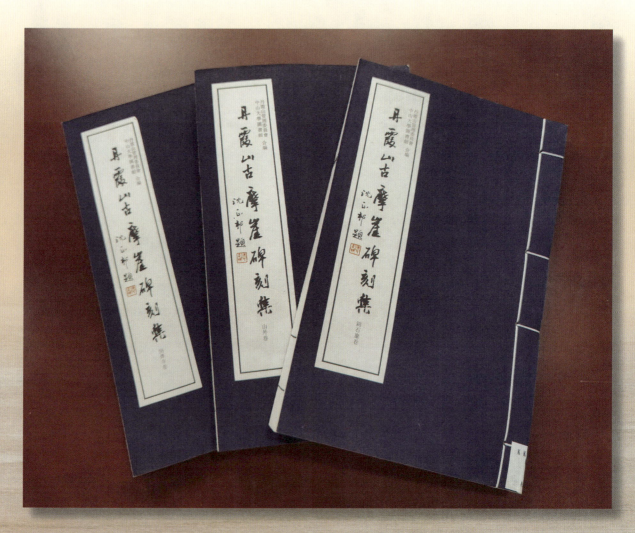

2013年，中山大学古文献研究所仇江教授整理出版《丹霞山古摩崖碑刻集》。这些摩崖碑刻分散在丹霞景区的绿树丹崖之中，给古老的丹霞山增添了人类历史文化的色彩，与天造地设的自然环境一样，都是丹霞山不可或缺、相得益彰的宝贵资源

（五）初心使命　127

2009—2012年，中山大学生命科学学院昆虫研究所贾凤龙教授承担"丹霞山古树名木虫害调查及防治策略"项目。图为贾凤龙在采集丹霞山昆虫标本

（资料来源：《丹霞山再添龙虱属野螟属3个昆虫新种——中山大学科考组为丹霞山国家公园创建再立新功》，https://lifesciences.sysu.edu.cn/zh-hans/article/2538。）

2008年以来，中山大学生命科学学院联合丹霞山植物园，常年在丹霞山开展野外生物资源考察，发现了很多新物种。2018年，考察团队将新发现的柿树科新种命名为"彭华柿"，以纪念他为推动丹霞山走向世界做出的卓越贡献

（资料来源：《丹霞山发现柿树科新物种，命名为"彭华柿"》，http://dxs.sg.gov.cn/fzlm/tpxw/content/post_63033.html。）

2020年，为纪念黄进对丹霞地貌研究做出的重要贡献，中山大学生命科学学院植物科研团队将在丹霞山发现的第19个植物新种命名为"黄进报春苣苔"

（资料来源：《丹霞山再现植物新种——"黄进报春苣苔"》，http://dxs.sg.gov.cn/xwzx/jqdt/content/post_1836305.html。）

2021年12月，中山大学启动丹霞山国家公园生物多样性科考专项。中山大学科考团队深入保护区腹地考察，不到两年的时间内发现并发表丹霞山植物新种8个和多个广东省新分布种。图为中山大学生命科学学院廖文波教授、凡强副教授团队在丹霞山发现的国家一级重点保护野生植物仙湖苏铁的分布，这也是丹霞地貌首次发现野生的苏铁属植物（侯荣丰、凡强摄）

（资料来源：《国家一级重点保护！丹霞地貌首次发现植物界"大熊猫"》，https://huacheng.gz-cmc.com/pages/2023/11/17/55e01d6d2e154819b44bce0386a07acc.html。）

（五）初心使命

在延展调查中，廖文波教授、凡强副教授团队还在河源、梅州、清远等地的丹霞地貌、喀斯特地貌等区域发现了堇菜等多个新种以及丹霞梧桐的新分布。

（资料来源：《我院廖文波教授、凡强副教授团队揭示了极小种群野生植物丹霞梧桐的起源及扩散机制》，https://lifesciences.sysu.edu.cn/zh-hans/article/2653。）

2022年，广东丹霞山被国家林业和草原局等四部门遴选为国家公园候选区。由中山大学承担了丹霞山生态和生物多样性科考等相关工作，并取得了阶段性成效。丹霞山国家公园生物多样性科考项目中微生物多样性调查主要由中山大学李文均教授团队承担。图为李文均教授团队深入丹霞山纵深腹地调查

（资料来源：《广东又发现新物种！》，https://mp.weixin.qq.com/s/PNNmx48kl0Uwzgq-3OfdGg。）

2023年初,被誉为"神秘的隐士"的丹霞山昆虫新种——丹霞真龙虱正式发表。图为中山大学科考团队在丹霞山用灯诱法进行蛾类调查

（资料来源：《丹霞山再添龙虱属野螟属3个昆虫新种——中山大学科考组为丹霞山国家公园创建再立新功》，https://mp.weixin.qq.com/s/LQo6myc-NcH_Qni0YYEAnw。）

2024年5月，中山大学丹霞山国家公园生物多样性科考项目组继续深入丹霞山无人区考察时，发现了丹霞山一个特有的植物新种——以陈国达名字命名的"国达铁角蕨"

（资料来源：《第43个！广东物种又"上新"了》，https://mp.weixin.qq.com/s/a-Rn5L7wBD9xb_sDGlO4-g。）

2. 致力脱贫

除了科学研究，中山大学师生还十分关心丹霞地貌区，特别是革命老区的旅游开发和经济发展。在他们的不懈努力下，许多丹霞地貌区相继被开发为旅游景区，以"国家级生态示范区""中国优秀旅游城市"等崭新面貌呈现在世人面前，成为全国首批脱贫的县市，当地经济和社会发生了翻天覆地的变化。

2007年，为感谢黄进为泰宁经济建设和社会发展做出重要贡献，泰宁县人民政府授予黄进泰宁县"荣誉市民"称号

2009年12月，为感谢黄进30年来对武夷山风景名胜区所做的贡献，武夷山市委、市政府授予黄进"武夷山风景名胜区建设发展特别贡献奖"

1991年，黄进致信建设部风景园林司，推荐贵州赤水成为国家级风景名胜区。1994年，贵州赤水风景名胜区被国务院批准列入第三批国家级风景名胜区名单

2010年8月，赤水丹霞被列入《世界遗产名录》，中共赤水市委、赤水市人民政府致黄进感谢信，感谢他在赤水申遗过程中的悉心指导和鼎力支持

（五）初心使命

丹霞山的综合性科学研究与开发建设，有效助力了粤北地区的旅游资源开发。彭华深入深山、村落、古塔、温泉、少数民族居住地，走遍仁化县的山山水水，主持编制完成《仁化县旅游总体规划》，为整个县域旅游资源的挖掘和利用奠定了坚实的基础。2001年2月，仁化县人民政府聘请彭华为丹霞山风景名胜区总工程师

2002年4月，仁化县人民政府聘请彭华为仁化县人民政府经济顾问

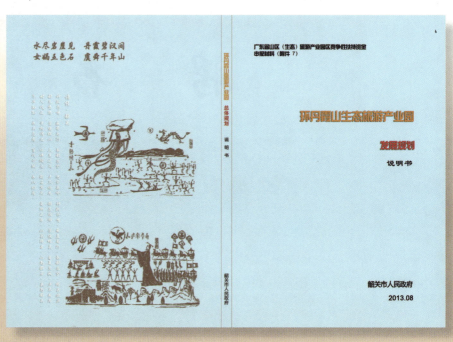

2013年,彭华编制的《环丹霞山生态旅游产业园发展规划》

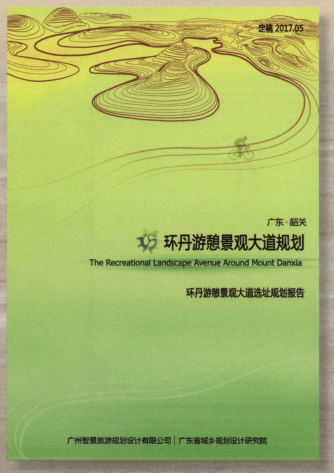

2017年,彭华编写的《环丹游憩景观大道规划》,后期的规划集中体现了他的"大旅游""旅游无限化"理念

（五）初心使命　135

2002年11月，广东南澳县人民政府聘请彭华为南澳县旅游经济顾问

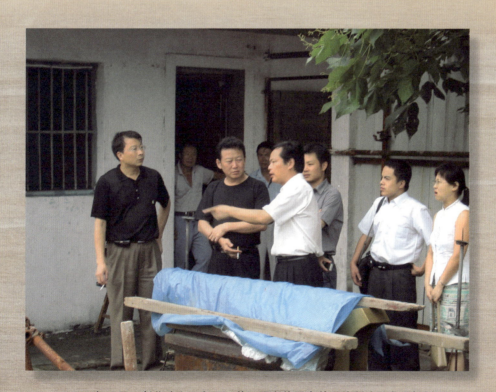

2004年7月，彭华（左二）至江苏江阴市徐霞客故里编制旅游发展规划

2004年8月,为编制河南省旅游规划,彭华(二排正中)在河南农村开展调研考察

2007年8月,彭华(后排正中)到新疆哈密做旅游规划时的合影

(五)初心使命

2008年3月,彭华(左二)为修编汕头旅游规划前往当地考察时的合影

2011—2012年,彭华主持的"广东乡村旅游发展规划"项目

针对红层区存在着严重的地质灾害、土地退化和生态环境脆弱等问题，彭华又开创性地提出了对红层区开展"地下—地表—地上一体化研究"的新方向，使原先对丹霞地貌的景观研究，走上更加结合国计民生重大需求的研究道路，实现了学科面的拓展和质的提升。图为彭华发表的相关论文

（五）初心使命

2017年9月，中共贵州省委员会、贵州省人民政府聘请彭华为"贵州省脱贫攻坚特聘专家"

3. 践行使命

为使丹霞地貌资源保护与利用研究工作获取有力的数据支撑和科学依据，中山大学师生长期坚持在严酷的自然环境下工作，他们曾在酷暑中穿行大漠戈壁，也曾忍受高原反应攀爬四五千米的青藏丹霞。为了中国丹霞地貌区的可持续发展，中大学人把学术研究和贡献写在中国大地上，以生命践行中国共产党人的初心使命。

2008年，黄进（左二）考察丹霞山地貌

黄进在考察丹霞地貌路上长途跋涉后，仅以面包就水充饥

（五）初心使命 | 141

黄进在考察丹霞山途中下陡坡

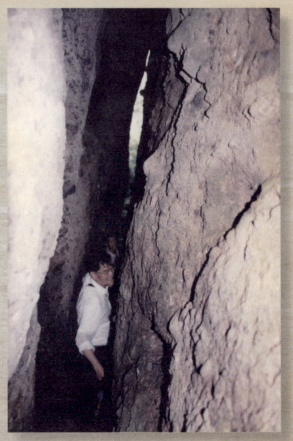

黄进在考察丹霞地貌途中穿过狭长的一线天

为考察青藏高原鲜有人知的丹霞地貌，黄进在 85 岁高龄后还对青藏高原的丹霞地貌进行了四次、总历时达半年之久的考察，为摸清全国丹霞地貌的空间分布及其特点做出了重要贡献。

2010 年，黄进在青藏高原考察

2012 年，黄进在青藏高原考察

2014 年 6 月，已 87 岁高龄的黄进在青藏高原考察

黄进的《西藏丹霞地貌的初步考察》手稿

2013年，以中山大学为主体，由彭华牵头，上海交通大学、南京大学等单位共同申报的"全国丹霞地貌基础数据调查"获批国家科技基础性工作专项重点项目，这是我国丹霞地貌科学领域的第一次国家层面上的基础数据采集、丹霞地貌基础数据库及共享平台建设的科技基础工作，标志着中国丹霞地貌的基础调查工作纳入国家科技计划，在中国丹霞地貌研究史上具有划时代的意义。

"全国丹霞地貌基础数据调查"项目的计划任务书

彭华发给课题组成员的"全国丹霞地貌基础数据调查"项目成果提交要求

（五）初心使命

2013年8月27日，彭华在赣南考察丹霞地貌

2013年12月8日，彭华在粤北南雄盆地考察

2016年7月30日，彭华在甘肃张掖马蹄寺进行野外考察

2016年9月22日，彭华（右）在贵州赤水考察丹霞地貌

2017年7月17日，彭华（中）在内蒙古进行丹霞科考

2017年8月12日，彭华（右一）在西藏林周县进行丹霞科考

2017年8月,彭华(右)在西藏纳木错进行野外考察

 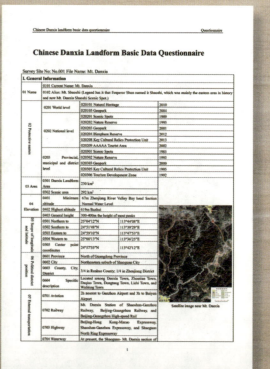

中英文全国丹霞地貌基础数据调查表(广东丹霞山)

（五）初心使命

2014年10月14日，彭华所采集的岩石原样

2016年8月5日，彭华在新疆昌吉市呼图壁县石梯子县道147修路处所采石样

2017年8月8日，彭华在西藏昌都丁青县落隆丹霞峡谷沿线采集的石样

彭华的《丹霞地貌学》

2016年，彭华以"全国丹霞地貌基础数据调查"项目为基础，继续申请"中国丹霞地貌基础数据分析与数据库建设"项目，在基础数据采集工作之上，进一步开展数据分析与数据库建设工作

2018年1月8日，彭华因突发心脏病抢救无效去世，享年62岁。是年，他入选中山大学年度"新时代中大力量"典型人物。2019年9月，中共广东省委追授彭华"广东省优秀共产党员"称号。图为2019年9月10日《南方都市报》刊登的追授决定

2019年9月，中共广东省委宣传部追授彭华"南粤楷模"荣誉称号

2019年9月23日,中山大学举办彭华同志先进事迹报告会

2019年09月24日

彭华:坚持17年,他使中国丹霞地貌列入世界自然遗产

作者:方晴 邱伟荣

广东学习平台　已订阅

"你是一个傻子,因为你对什么事情都保持着童真,在你面前没有困难。你永远乐观地追着你的梦,难怪别人说你无知者无畏。是啊,只有傻子才能创造出惊天动地、史无前例、红遍全球的中国丹霞。"

——摘自彭华遗孀丰秀荣写给丈夫的书信

彭华遗孀丰秀荣代表丈夫接受人们的致敬。

学习强国平台上,以彭华为专题的学习内容

图传参考文献：

1. 彭华. 丹霞地貌学. 北京：科学出版社，2020.
2. 黄进. 丹霞地貌研究在中山大学地理系的发展 // 司徒尚纪. 地理学在中山大学70年（1929—1999）. 广州：中山大学出版社，1999.
3. 中山大学党委宣传部. 赤心追梦 铸魂丹霞：彭华同志先进事迹图片展. 广州：中山大学，2019.
4. 王恒礼，王子贤，李仲均. 中国地质人名录. 武汉：中国地质大学出版社，1989.
5. 韶关市丹霞山管理委员会. 丹霞地貌百年科研历程展览纪念画册. 2022.
6. 陈国达，等. 中国地学大事典. 济南：山东科学技术出版社，1992.
7. 景高了，揭毅，景才瑞. 中国地学通鉴：地貌卷. 西安：陕西师范大学出版总社有限公司，2018.
8. 黄瑞红，彭华. 踏遍丹霞终无倦 笑傲古稀更年华：纪念黄进七十华诞. 经济地理，1998，18（增刊）.
9. 关于推荐广东丹霞山申报世界自然遗产工作有关单位和个人荣立一等功的函. 中山大学档案馆藏档.
10. 王少华. 丹霞赤子的夙愿：谨以此文纪念彭华教授（未刊稿）.

二

文

集

· WEN JI ·

（一）学科回顾

中山大学自然地理学的优良传统[①]

曾昭璇

许学强教授告知，中山大学开办的地理系是我国最早开办的理科地理系，一向以自然地理学为出色。因第一任系主任 Wilhelm Credner 即为德国青年地理学者，中山大学通过国联聘他来主持办系，当时他年青力壮，未婚，正在东南亚考察，故系开办时即以中山大学为落脚点，带领学生从事云南边疆考察。据林超师回忆，当时他由英文系三年级转入地理系，和周立三、周廷儒等一起学习自然地理，随即去云南考察，他和 Credner 上点仓山发现冰川地形，即后来称为大理冰期地貌，今天人们认为大理冰期是 Credner 定出。但实际上是 Credner 和林超一起定出，只是文章是 Credner 写，林超师之名便不突出了。林超师读一年毕业后当助教，也去云南考察，沿怒江考察时，他从植物地理把热带河谷地段定出。后来，我们在中国热带界线论文中，仍要采用他考察的成果。Credner 在校时，每一周野外考察一次，假期作长远考察。1929 年寒假去粤北考察 3 周，课堂与野外实践相结合，使学生独立工作能力加强。正如学部委员（当时学生）周立三教授在华南师大演讲时说，野外实践经验的培养使他受益一生，且日后在新疆综考和农业地理开辟新领域，即用上了。孙敬之教授曾对我说，他以在野外工作上，未有一套可行方法为憾，可见自然地理基础的训练，对经济地理学也很重要。周立三教授在南京地理所领导农业区划，得小平同志表扬，即说明理论与野外实践相结合的重要。长期野外工作，即"多练"，是很有用的。Credner 的教学计划中，即有一门"科学调查"，专门培养学生野外工作的。周廷儒教授日后，在新疆综考工作中，即发挥了巨大指导作用，新疆综考丛书即为各综考队优秀著作。Credner 的博士论文是《德国西南部结晶岩区准平原及崖坡起源问题》，这是以野外工作为基础写的，他善于野外工作，故他的学生也是以野外工作出名。上述林超师、周立三、周廷儒等三位教授，日后即为新中国地理学术界的领导人，由于早年受过严格的野外训练所致。

[①] 原载《自然地理与环境研究》编辑委员会编：《自然地理与环境研究》，中山大学出版社 1992 年版，第 1~4 页。

接任的第二任系主任也是德国人，名 Walfgang Panzer，对培养学生也是野外工夫为主。入校后，即带学生去粤西考察一月。1931 年下半年考察西江、北江、香港。1932 年寒假，考察粤东。短期野外考察更多，如白云山、罗浮山、黄埔、珠江三角洲、石牌、绥江等地。他对学生培养关怀，讲课好，如帮助我的老师叶汇教授去德国留学，直到退休后，还和我们通讯，怀念在中国的一段日子。周廷儒、罗开富均翻译过他的论文。因此，中山大学自然地理学出名是以长期野外训练突出。这一传统在中国留学生回国办系时也一贯如此。例如本人接触过的洪绂教授，他是华人第一个在国外创立地理系的学者，他在移居加拿大后，即在贵富大学（Queth University）创办地理系，自任系主任，直至退休（84 岁，1989 年才去世）。据说是心脏病，死前他自知不妥，还步行入院。本人在加访问时，曾和洪绂教授见过几次面，畅谈甚洽。他见我来自中山大学，即说他曾是中山大学地理系系主任，他知我研究热带地理，又送我一本热带雨林的小册子。他虽然以人文地理为主要成就，博士论文是《茶叶地理》，但他的导师自然地理也很有水平，即法国著名的学者 Andre Allix 和 Maurice Zimmerman 两人，他们是 Blanchard 高徒（里昂学派），对自然地理有深入研究，如 Allix 的 *L'Oisans*（1929）一书，即可见到。本人曾询问过洪绂教授，离开中山大学原因。他说，他是听说广东人有排外心理影响，清华请他上去，自然是北上为佳。因当时中山大学派了不少留法学生学地理要归来母校工作之故。他在"文化大革命"期间也曾受辱，并甚愿回国访问一行，余曾与林超联系欢迎。

法国回来的孙宕越教授（1934 年）是继洪绂任系主任的，本人认识他是在澄江入学时。他上普通自然地理课程，讲课很好，也关心学生，但只上一学期即被学潮影响，转去重庆。他在系也重视野外工作，如带学生到五岭考察，开设土壤地理，据说是当时全国独一的新课程，因他在法国博士论文即为《罗尼河谷黄土之研究》(*Le loess de la Valleé du Rhene*)，驾轻就熟。他虽以经济地理为主，但谈及人文地理时，则很大部分引用自然地理去解释。听说他到台湾后即在文化大学创设地理学系及地理研究所，建立硕士班及博士班，至今未停，并同时兼任国文编译馆地理课本编审主任委员（由小学至专科），……。按孙师在 1955 年在台湾大学成立地理系，并自任主任，台湾省地理教育事业有所进展，本人 1948 年在台只看过台湾师院史地系而已，即半个地理系。孙师在台对地理学发展有胜于张其昀教授。因他创立两个地理系，建立硕士、博士班，1962 年还在中国文化研究所（新成立）任地学研究所主任，博士班即于该所 1967 年所建立者。研究所 1963 年改为文化大学，即开设为地理系，孙老师任系主任。1960 年办夜大学地理系。师院史地系分历史和地理两系。从事地理教育为主的孙师曾于 1956 年在巴西 IGU 宣读地理教育论文。

他曾出任文化学院教务主任、文化大学理学院院长兼地学研究所所长。余承在美林家秀学长代致候，并请回大陆访问，亦曾与母系联系。我方同意，惜他已年老（83岁），行动不便，取消此行，近闻其夫人妹子（我校外文系前主任曾纪蔚教授夫人）称已辞世，未知确否？

接孙师后即为吴尚时教授当系主任。吴氏亦为长期野外工作学者，学生每为所苦，因行最难行之路，食无时，睡无定处（多临时投宿）。余及当时随行助教钟衍威（后为中山大学地理系副主任）即罹胃病。钟兄本有痛症，最易引发，一人独自默然，良久始苏；余则染哮喘之症，至今不愈。昔日助教有如工人，背岩石、打标本之责，使背囊特重（曾达35公斤）。故余曾在山崖跌下两次，休克，幸获救活。到驻地放下背囊，身体如陀螺自转。余等旅行五岭山地，无马帮，靠挑担，故每天走15公里到30公里。沿途伙铺（挑夫旅店），日间是厅，晚上是床，每人拿席一睡地上，把墙挂矮蚊帐拉开，大于厅，高一米，蚊帐脚不到地，故蚊子出入自如，大家只能在帐内抽烟驱蚊（帐用蓝色麻布做不透气）。席中虱子多，故头两晚，我们只能出门口坐至天亮。但三两晚后，太累了，便能和挑夫们同睡。湘南区无盐，每餐吃小竹笋（今韶关仍有卖）、辣椒、红糙米饭，天天如此。钟兄吃必全吐，要吸烟解痛；吴师打摆子（疟疾）；我哮喘之由来也。他这样做目的有二：上山主要到夷平面上看，不能在山脚上望山顶线齐平即算是一级面，走险径主要找露头看地质构造。这一作风为他的学生罗开富接受，故罗氏后来当系主任时也是这样带学生。据黄进教授告知，当日罗主任也是这样带他们爬山，走险径的。故黄进教授今天以花甲高龄，仍全国各地跑，获得第一手资料，进行地貌研究，如对"丹霞地形"的考察即为一例。不怕险苦和冒险精神，代代相传。如楼桐茂研究员调到治沙队后，深入沙漠，不畏险阻，又带罗来兴、张荣祖等，深入黄土高原，为整顿黄河水土流失做出贡献。日后罗来兴成为黄土地貌专家即由于此。罗来兴爬山越岭精神还表现在天山研究，他的天山地貌研究专著即以此为基础完成，为国内少见佳作。现年逾七旬，还身壮体健，爬山奋勇精神，激励青年。张荣祖研究员能成为北京地理所进军喜马拉雅的先锋，亦即受这一传统的教育。竺老每与余谈及张氏的精神可嘉。故他能成我国第一位从事动物地理学研究的专家，不畏艰险，使他能在祖国大地观察生物。他的《中国动物地理》一书，即为日人所译去。

中山大学自然地理学优良传统还表现在我的老师叶汇教授上。他在未当地理系主任时，已年年带领学生作短期长期考察。本人即由叶师带领考察兴安灵渠、桂林岩溶地貌，并得聆听李四光教授的讲学多天，受益殊多，并指导我们往六塘、兴安观察冰川沉积。本人对地貌、自然地理的兴趣，即受孙、吴、叶三师的启引也。当然，我系优良传统还表现在博览群书上。

我系在博览群书中表现在重视翻译上，因为西方科技是先进的，他们的经验可以借鉴，光跑野外没有理论指导也像瞎子摸象。早期同学在做学生时都已有译作，如林超、楼桐茂、周廷儒、叶汇、罗开富等莫不如是，书本翻译有吴尚时、梅甸初等，这对当时我国新地学知识传播起很好作用。不少同学后来成为国家人才也基于此。例如，最突出的北京地理所前所长黄秉维研究员，他博览群书之丰，是大家公认，他不止在自然地理各部门中，而且在人文地理方面、环保方面也很深入。所以当人们知道竺老提拔他为代所长时，大家都认为很合适，由黄氏主持科学院地理研究所是深庆得人。他不止地貌学有修养，而且在植物地理方面也很有成就，在《史地杂志》发表的《中国植物地理分区》一文，我知当时我们还在学生时代的人，都每作为植物地理教课书去精读。我们那时被视为新学科的植物地理是没有老师开的，连马东男《自然地理》一书中的植物地理也是请别人写的。新中国成立后，他在做黄土高原水土流失研究，后来研究中国的自然区划工作，都反映黄氏的深思熟虑。他在自然地理学体系上提出的水热平衡、化学地理和生物群落的观点，对当时自然区划和自然地理研究，无疑有创新和指导实践的意义。北京地理所在他领导下为新中国地理学做出卓越贡献，和饱学之士黄秉维教授领导有方，不无关系。第二例可以用周廷儒教授说明。他对自然地理文献熟识，与野外之勤［如曾偕施雅风、陈述彭为中国地貌区划跑了一圈中国，到广州还参加本人野外实习（带二年级），看了长坪抢水地形］相得益彰，故能创立"古地理学"这一门新的科学。还有罗开富教授，中外古近广博知识也是众所周知的。他的中国自然区划方案，如把辽河平原划入华北区，把英德以南划入华南区，即为黄秉维教授采用，而与传统习惯不同，是创新之举。今天大学教材也多用上。

总之，本人认为中山大学自然地理学传统优良作风有三：一、长期的野外工作精神，二、博览古今中外群书，三、努力创新。这三条也是"岭南学派"的优良传统，因为自然地理学也是一种文化现象。别的学科也会产生同类现象，如我的硕士生导师杨成志教授就说过："民族学是用双脚在田野中走出来的"，就是说民族学也是长期野外工作的结果。南方冬暖，全年可以野外工作，这就给学者们有利的考察条件。博览中外名著又与广州近海有关，即国外知识传入，以此为先，外国人来每先到广州，而广州又有传统几千年文化，故易于完成博览群书的任务。有中外经验，实践又丰富，自能创新。故岭南自明、清以来，渐成南方政治经济中心，岭南文化也逐渐形成。政治上，有成套改革中国政制的理论，掀起太平天国、康梁改革、孙中山的民主革命思潮。绘画上，也有岭南画派诞生，吸收西洋画之长，和传统国画冶成一炉，创为新派画。至如广东音乐、粤剧无不如是。岭南文学以华侨、港澳为题材不少，此近人有"南学"必需研究之议。如新会一地，自陈白沙以来，在民国即有陈垣、梁启超之兴，殊足研究。《晏子春秋》云："百里不同风，千里不同俗。"岭南文化即我中华民族文化中之一个区域，与齐鲁文化、中原文化并起者矣。中山大学自然地理学有此优良传统，在今天社会主义文化建设中亦还有用。在教育青年上，正好针对"不愿出野外"，认为科学昌明，资料取得不必去田野之弊；对时下社会生活丰富，不愿读书之风，亦有针对性。本人认为这三条对今天地理学的发展亦还有其用途，即为必需弘扬的祖国优秀文化风俗之一。

岭南学派培育不少人才，而不少已成为我国地理学术界的骨干力量，影响之大，于无影无形之中，可得分析出来。如上述，黄秉维教授的自然区划工作、自然地理理论思想，即对我国地理学术界影响至大，不止地理界，而对植物界、气象界、农业界、林业界均有影响，即钱学森的地理科学体系思想亦有其影迹。又如林超师的思想，早在重庆中国地理所时，即已组织力量写出《嘉陵江流域地理考察报告》，为当时我国地理著作的代表作。在北京大学工作以后，更为培养自然地理学者做出贡献。中山大学和北京大学同一师承，正如浙大研究生沈玉昌亦曾受吴尚时教授偕赴衡山考察一样；周廷儒教授则长期在北京师大工作，偕同师生同赴新疆综考，言传身教，学风所及，实自一门。周立三教授长期在南京地理所工作，在新疆综考、江苏至全国农业区划工作中，亦以此鼓励人们工作。罗开富教授在北京工作和广州工作亦复如此。如新中国成立初，罗氏即组织黄河考察；在广州地理所工作，更两度上西藏高原，至罹顽疾；今近80岁矣，犹申请科研项目。此即发扬努力创新精神之证。凡此种种，都说明我国过去有不少优良传统，可以弘扬，中山大学自然地理学的优良传统自当弘扬者也。

参考文献：

1. 曾昭璇. 两位德国学者对我国华南地貌研究的贡献. 中国科技史料，1990，11（4）.
2. 曾昭璇. 我国地理学第二代开山大师——林超教授八十寿辰. 北大地理系祝寿会论文，1989.
3. 曾昭璇. 杨成志与中国民俗学. 广东民俗文化研究，1992（1/2）.
4. 曾昭璇. Wu Shang Shi 1904–1947//Geographers. Biographical studies，1992，13.

丹霞地貌研究在中山大学的发展[①]

黄 进

一、对丹霞地貌的前期研究

1928年，冯景兰对广东丹霞层所形成的地貌做了生动的描述。[1]1939年，陈国达把与丹霞山性质相同的地貌命名为"丹霞地形"。[2]

1943年，我系曾昭璇首先对丹霞山的地形做了较全面的研究[3]，指出该山20米台地，80米、200米等准平面及垂直节理对丹霞地形发育有重要影响。1946—1948年，我系吴尚时、曾昭璇对粤北红色岩系的沉积相、构造及地貌等方面做了较全面的研究，认为丹霞山及坪石红岩地区实为分割破碎之高原，岩石厚层、坚固，含石灰质，具垂直节理及一定透水性，形成峭壁奇状、有如仙境、蔚为壮观的地形。同时也指出岩性强弱之不同而生之额状崖及洞穴。[4-6] 后来，曾昭璇离开了中山大学地理系，但仍在原有基础上继续发展了丹霞地貌的研究。1957—1960年，他对丹霞地貌的特点做了较全面的论述，提出丹霞地貌谷坡的发育以崩落为主，又提出丹霞喀斯特现象，对丹霞地貌的演化规律也做了论述。[7-9]1978年，他认为今天的红层低山、丘陵，多为上新世剥蚀面破坏后的产物，地貌上多表现为构造台地和方山群，单斜式山丘也不少，开始应用"丹霞地貌"一词；同时论述了中国红层分布、岩石学特征、地貌发育过程和形态特点，对丹霞地貌特征做了阶段性总结。[10, 11]

二、对丹霞地貌的大量野外考察

1948年夏，黄进刚考完中山大学地理系的入学试，曾乘车经丹霞山南缘的五马归槽一带，对该处奇险壮丽的五座丹峰萦念不忘，对他以后研究丹霞地貌发生了重要的影响。1950年他在吕逸卿、罗开富等老师的带领下，在石龙镇以东的东江南岸实习，看见燕窝一带的红色砂岩，经人工采石，形成突兀丹峰，留下深刻印象。1951年，黄进被临时抽调参加中央少数民族访问团，到连南访问瑶胞，途经乐昌坪石时，目睹武江东岸金鸡岭壮丽奇险的丹峰而难忘。该年梁溥、叶汇等老师带黄进等学生到惠阳澳头实习，黄进对该处

[①] 原载司徒尚纪主编：《地理学在中山大学70年（1929—1999）》，中山大学出版社1999年版，第185～210页。原文标题为《丹霞地貌研究在中山大学地理系的发展》。

红色砂砾岩的海蚀崖、海蚀穴等海成丹霞地貌也留下较深的印象。1958—1960年间，华南热带生物资源综合考察工作在广东开展，黄进主持该考察队地貌组工作，把丹霞地貌作为广东省的一种地貌类型，同时对南雄杨历岩丹霞地貌及连县星子红岩一带的丹霞喀斯特地貌做了初步考察。总的来看，黄进这时对丹霞地貌的考察还是比较零星的，谈不上对丹霞地貌做较系统的研究。

1965年6月，黄进、王鸿寿、罗章仁、李春初带学生到丹霞山实习，黄进为丹霞山气势磅礴的峰群所倾倒，同时对丹霞地貌的坡面发育产生了极浓厚的兴趣。翌年6月，他与有关老师正欲带学生前往丹霞山实习时，"文化大革命"爆发，丹霞地貌研究便告中断。直至1978年初，他才回到丹霞山考察。1979年，他又考察了金鸡岭、丹霞山及武夷山，写出了《丹霞地貌坡面发育的一种基本方式》[12]一文，参加1980年中国地理学会在山西大同召开的第一次构造地貌学术讨论会。该文在小组讨论会上宣读后，深得好评，并被推荐在大会上宣读，同时放映了一组质量较高的丹霞地貌彩色幻灯片，给与会代表较深的印象。参加该次会议的科研部门及高等院校的代表较多，"丹霞地貌"这一学术名词得以在中国基本统一使用。

1979年8月30日，黄进又目睹福建永安火车站东侧的丹霞地貌。12月28日，他还到四川青城山考察。

1980年11月9—10日，黄进考察乐昌坪石金鸡岭的苦竹冲及坪石盆地南面的万佛岩、姐妹石一带；11—13日，又到丹霞山东部人面石附近考察。

1981年1月26—31日，黄进与刘尚仁、梁子珏考察坪石盆地丹霞地貌、河流阶地及外围地区。5月9—13日，黄进、梁子珏考察坪石盆地管埠、廊头、董水口、田头等地的丹霞地貌。5月14—20日，黄进与王鸿寿、刘尚仁、罗章仁、刘美南、梁子珏等考察了坪石盆地金鸡岭、苦竹冲、吴塘、凉水井等地的丹霞地貌。6月15—27日，黄进、王鸿寿、罗章仁、刘尚仁等带学生到坪石实习。8月10日，黄进到番禺莲花山考察人工丹霞地貌。

1982年7月26—29日，黄进带香港中文大学学生到金鸡岭、丹霞山实习。

1983年1月23日，黄进考察乐昌盆地南面的金鸡岭丹霞地貌。4月21—25日，带香港大学地理地质系教师苏泽霖博士赴坪石金鸡岭及丹霞山考察。6月11—15日，带香港中文大学地理系学生赴坪石金鸡岭及丹霞山实习。7月18日，再次考察乐昌盆地南面长来金鸡岭；24日，考察乐昌田头谷地的丹霞喀斯特地貌，并考察坪石北面皈塘南面及东北面的丹霞地貌；25日，考察武江武阳司以西至三溪一带的丹霞地貌，并参观利用内生深切曲流落差发电；29日，考察坪石南面万古金城丹霞地貌。

1984年3月22—30日，黄进带领学生黄春晓等考察丹霞山主山及蜡烛山、平头寨、五头寨、扁寨等处的丹霞地貌。6月25—29日，在坪石金鸡岭山顶招待所召开粤、桂、湘片编制中国1∶100万地貌图会议。7月14—15日，黄进再一次到坪石金鸡岭、丹霞山考察；8月4—10日，带学生李定强较系统地考察丹霞山的姐妹石、扁寨、五马归槽、朝石顶、金龟岩、矮寨、金龙山、圣上岩等处的丹霞地貌。12月10日，黄进与张克东考察丹霞山夏富东面的狮石寨、孖寨、白石岩、破军寨（西南部）、穿板岩。12月11—12日，黄进继续考察撑腰岩、吊钩寨、棺材寨、金龙山、圣上岩、水西坝等地。12月29日，黄进、张克东、陈烈、司徒尚纪等考察海南琼海县白石岭丹霞地貌。

1985年8月4日，黄进考察青海湟水谷地两侧断续出现的丹霞地貌。8月10日及13日，黄进与研究生李定强考察青海德令哈至大柴旦之间的一些丹霞地貌。

1986年8月10—14日，黄进考察南雄苍石寨、杨历岩及西坑寨等处的丹霞地貌。11月26—28日，黄进带香港中文大学地理系教师黄朝恩、吴仁德博士赴金鸡岭、丹霞山考察。

1987年8月24—26日，黄进考察粤东龙川县霍山丹霞地貌。11月4—10日，黄进与覃朝锋、刘尚仁、陈烈等为香港大学地理地质系学生来粤北实习做预习。12月17—23日，由黄进、覃朝锋、曾水泉等带领香港大学师生22人赴粤北实习，其间又对丹霞山、金鸡岭等地貌做了考察。[13]

1988年5月14—18日，黄进再次考察龙川县霍山。7月27日，又一次带陈军等四位学生赴霍山考察。8月8—13日，黄进到粤东北平远县南台石、五指石考察丹霞地貌；14—17日到江西宁都县考察翠微峰丹霞地貌，还在途中粗略地观察了江西寻邬县南桥、大竹田、澄江、会昌县筠门岭两侧、周田西面及北面一带的丹霞地貌；23—24日，黄进又对霍山丹霞地貌做了补充考察（田东林场—茶子岩—登仙岩—太乙岩—霍山林场）。10月31日—11月2日，考察湖南新宁县崀山、八角寨。11月5—6日，考察江西鹰潭市龙虎山；7—9日，考察江西弋阳县圭峰；10日，考察江西上饶市西面月岩山（天生桥）；11—12日，第二次考察福建武夷山；14—16日，考察福建永安市桃源洞；17—19日，考察福建连城县冠豸山[14]；21日，考察江西瑞金市罗汉岩；23日，考察江西于都县罗田岩。11月27日，带领"马坝人发现三十周年纪念会"的部分代表17人［日本4人，美国1人，中国 12 人（其中香港 2 人）] 到丹霞山游览及考察。

1989 年 1 月 22—26 日，黄进与南海海洋研究所程明豪到深圳市大鹏湾秤头角[15]及惠阳县大亚湾澳头附近考察海岸丹霞地貌。5 月 5—21 日，黄进被邀请再赴福建永安市桃源洞[16]考察丹霞地貌。

1989 年，黄进主持的"丹霞地貌的研究"项目得到中山大学自然科学基金的资助。

黄进主持的"丹霞地貌发育机制的研究"项目，分别于 1990—1994 年及 1997—1999 年得到国家自然科学基金的资助，因此有条件对中国的丹霞地貌做较大范围的有系统的考察。

1990 年 7 月 13 日—10 月 25 日，黄进对陕西彬县大佛寺，甘肃平凉市崆峒山、天水市麦积山、永靖县炳灵寺，宁夏固原市须弥山，四川剑阁县剑门山、都江堰市青城山，贵州赤水市十丈洞和四洞沟、习水县长嵌沟等近 50 处丹霞地貌做了考察。

1991 年 7 月 2—3 日，黄进考察广东番禺县大岗鳟塘、灵山龟岗、黄阁骝岗、乌洲山、大虎、小虎等处丹霞地貌；6 日、10 日，分别赴增城县石巷（倚岩寺）、石厦（石吓山）考察。8 月 7 日—11 月 4 日，黄进与黄瑞红对黑龙江牡丹江市大牡丹、河北承德市棒槌山、陕西山阳县漫川关、河南南召县丹霞山、湖北远安县鹿苑寺及鸣凤山、湖南平江县杨公寨、浙江永康县方岩及丽水市东西岩、安徽休宁县齐云山、江西赣州市通天岩等 30 多处丹霞地貌做了考察。

1992 年 4 月 13—17 日，黄进对江西贵溪县挂榜山，南城县石门石、麻源一带的丹霞地貌做了考察，同时对南丰、广昌、宁都一带的丹霞地貌做了粗略观察；18—19 日，较详细地再一次考察赣州市通天岩[17]，同时对赣县韩坊乡三仙石也做了粗略考察。

为了申报丹霞山为国家级地质地貌自然保护区，1992 年 8 月 27 日—9 月 9 日及 11 月 6 日—1993 年 1 月 17 日，黄进、吴起俊、彭华、梁百和、朱素琳、梁致荣及李植华等，曾在不同时间先后对丹霞山的地质、地貌及植被等做了考察，还考察了断石村的阳元石、仙人桥及东坑迳仙人桥和山里坑仙人桥；再次考察丹霞山主山洞穴层，对锦石岩龙鳞片石的风化成因做了细察，测量了丹霞山主山主要洞穴的尺寸；考察丹霞山区西缘的川岩（穿岩天生桥），北缘玉女拦江、斧头寨，对筛米寨（细美寨）、山里坑、火烧石、棺材寨、韭菜寨、蜡烛山、穿窿岩、观音山、田螺山都做了考察；对丹霞山的丹霞喀斯特做了研究；对丹霞山区的河流阶地做了较全面系统的研究，并对阶地沉积层进行热释光采样及分析（连同以前的刘尚仁、黄瑞红采样），从而测出丹霞山区的地壳上升速度为 0.97 米/

万年。[18]并于1993年5月6—7日，在丹霞山召开丹霞山地质地貌自然保护区总体规划评审会及由保继刚、彭华主持的丹霞山阳元石景区总体规划评审会。经评审补充修改后的《丹霞山地质地貌自然保护区总体规划》及有关材料，于该年秋由丹霞山办公室送往国家环保局。1994年中，上述总体规划及有关材料又经彭华全面整理成为规范的上报材料，同年10月在北京召开的专家评审会上获全票通过，并于1995年获国务院批准。

1993年11月21—24日，黄进与黄瑞红再次考察丹霞山主山、锦江、细美寨、断石天生桥及挺肚寨；25—29日，由黄进主持在丹霞山召开第一届全国旅游地貌学术讨论会，组织与会代表到上述地区考察丹霞地貌。

1994年3月1日，黄进再次粗略地考察海南琼海县白石岭丹霞地貌；26—30日，黄进参加江西鹰潭市龙虎山总体规划评审会，再一次考察龙虎山丹霞地貌。5月15—26日，黄进、吴起俊与中山大学电教中心合作前往丹霞山拍摄《丹霞山地貌》《丹霞山地质》两部录像片。10月22—31日，黄进再次考察湖南新宁县崀山、八角寨丹霞地貌及广西资源县资江、八角寨的丹霞地貌。11月8—13日，黄进又到丹霞山考察蜡烛山（天柱石）、黄沙坑、人面石一带。

1995年4月14—22日，黄进到丹霞山考察新开发的阳元石、翔龙湖景区及新寨、屏风寨、狮石寨、破军寨及穿板岩。8月9日—10月10日，黄进对青海尖扎县坎布拉、宁夏西吉县火石寨、甘肃庄浪县云崖寺及新疆呼图壁县康家石门子等33处丹霞地貌进行考察。

1996年3月11—15日，黄进赴湖南郴州、资兴、永兴，初步考察上述县市的丹霞地貌。5月13—20日，黄进考察丹霞山的紫驼石、丫叉石、饭甑石、山里坑、凉伞石、新寨、破军寨东崖及穿板岩北侧。10月15日—12月26日，黄进又对湖南永兴县盐坦、郴州市苏仙区（原郴县）石面坦、资兴市，浙江江山市江郎山、老虎山，福建泰宁县金湖、上清溪，江西石城县通天寨、兴国县冰心洞、龙南县小武当山等45处丹霞地貌做了考察。

1997年1月22日，黄进再次考察清远南部的神石及马头石丹霞地貌。7月9日—12月10日，黄进对青海玛沁拉加寺及同德县河北赛日景峡，内蒙古乌拉特后旗川吉及阿拉善左旗北寺，宁夏西吉县火石寨，甘肃西和县仇池山、成县鸡山顶，云南丽江县黎明、剑川县石钟山和元谋、永德、南涧土林，四川芦山县大崖峡、夹江县千佛崖及合江县白怀附近的佛宝风景区，贵州赤水市、习水县长嵌沟和童仙溪，湖北南漳县水镜庄，湖南通道县万佛山等103处丹霞地貌及土林式丹霞地貌做了考察。

1998年3月11日—4月28日，黄进到丹霞山参加彭华主持的"丹霞山地质地貌自然保护区规划"评审会及进一步考察丹霞山地貌。5月11日—6月4日，黄进再赴湖南通道县万佛山，对该山丹霞地貌做了较系统的考察。[19] 6月24—30日，黄进与罗章仁对广西博白县宴石山、北流市铜石岭、容县都峤山及桂平市白石山的丹霞地貌做了考察。7月24—31日，黄进到湖南通道县主持召开第五届丹霞地貌旅游开发学术讨论会，并对万佛山做了进一步的考察。8月3日，黄进考察广西柳州市鹅山丹霞喀斯特地貌；5—6日，初步考察广西藤县太平镇狮山丹霞地貌。9月28日—10月4日，黄进与湖南文云秀、邹文发、齐德利、匡锡喜等考察坪石金鸡岭附近，湖南宜章县黄竹岱、挂榜岱及白石渡东面的八角寨、穿石岩一带的丹霞地貌。10月16日—11月13日，黄进再次对广西藤县狮山、桂平市白石山、博白县宴石山、北流市铜石岭、容县都峤山等处的丹霞地貌做了较系统的考察。同时对博白县花石嶂丹霞地貌也做了考察。12月1—14日，黄进被邀往福建武夷山，再一次对该山做了较系统的考察。[20]

1999年6月17日—7月29日，黄进考察湖南永兴县注江下游，贵州松桃县云落屯，重庆市石柱县万寿山、万县天子城和合川市钓鱼城，四川营山县太蓬山、通江县红云崖"赤化全川"，贵州赤水市、习水县长嵌沟和童仙溪、惠水县毛家苑乡青山沟等处的丹霞地貌、准丹霞地貌和丹霞喀斯特地貌共34处。

至此，黄进已考察中国丹霞地貌395处，作为一位研究丹霞地貌的学者，对丹霞地貌能做如此大规模、系统的考察，在中国来说确是空前的。

刘尚仁除在1981—1983年与黄进、王鸿寿等反复多次到坪石盆地考察及带领学生进行地貌实习之外，在1981年8月29日，他还到广东三水县狮岭考察红层地貌及河流阶地。

1983年12月27日—1984年1月3日，刘尚仁到坪石盆地考察及在阶地沉积层采古地磁样品。

1984年1月15—20日，刘尚仁考察清远红层盆地，并在阶地沉积层采古地磁样品。2月27日，与王鸿寿同赴番禺石楼莲花山考察人工丹霞地貌。7月14—29日，他概略考察英德石灰铺、横石塘、横石水、菠萝坑等小型红层盆地。

1985年8月5—24日，刘尚仁到灯塔、丙村、兴宁、龙川、翁源等红层盆地考察。

1987年11月5—8日，刘尚仁与黄进同赴丹霞盆地、坪石盆地、星子盆地，为香港大学地理地质系学生前来实习做预习。

1989年3月31日—4月2日，刘尚仁概略考察棠下红层盆地。

1990年1月10—23日，刘尚仁与黄瑞红考察丹霞盆地、坪石盆地及星子盆地，并在丹霞山及坪石采河流阶地沉积层热释光样品。5月14—16日，与黄进等丹霞地貌课题组成员共同对坪石金鸡岭进行考察及交流看法。7月18日—8月5日，再考察丹霞盆地、坪石盆地、怀集盆地、南雄盆地的丹霞地貌。9月12—16日，赴惠阳县澳头盆地考察丹霞地貌。10月25日，粗略考察罗定盆地。

1991年8月14—31日，刘尚仁再到丹霞盆地、坪石盆地考察。12月12—15日，又到坪石盆地考察，在第一级阶地采取样品。

1992年1月10—15日，刘尚仁对惠州盆地及东莞盆地做了考察。3月31日—4月15日，到湖南新宁县，考察崀山、八角寨丹霞地貌，发现当时中国最大的丹霞天生桥。[21, 22]

1994年10月23—31日，刘尚仁再次考察湖南新宁县崀山、八角寨丹霞地貌[23]，对当时中国最大的丹霞天生桥与黄进等再次做了测量。

1993年6月16—23日，刘尚仁考察清远县石角神石、马头石丹霞地貌。[24] 7月20日—8月1日，考察广西柳州市鹅山，对湖南通道县万佛山丹霞地貌做了考察。8月18—22日，再次与彭华同往丹霞山考察。10月25—30日，再次往河源盆地考察。

1999年7月21日—8月1日，刘尚仁对贵州习水县童仙溪、长嵌沟和赤水市金沙沟、四河沟丹霞地貌做了考察。

彭华在1981年、1983—1985年、1987年、1990年、1991年，曾先后7次到安徽休宁县齐云山考察丹霞地貌。[25] 并在1987年、1989—1992年多次考察广东丹霞山。[26] 1992—1995年任丹霞山风景名胜区总工程师。1987年考察广东坪石盆地及南雄盆地丹霞地貌。[27] 1993—1994年先后两次考察了福建武夷山、江西龙虎山、圭峰等地的丹霞地貌。1994年，考察广东仁化县鸡笼寨，湖南新宁县崀山、八角寨，广西资源县资江、八角寨等地的丹霞地貌。1997年，考察青海尖扎县坎布拉、西宁市北山、湟水谷地、拉脊山口等地的丹霞地貌。1998年，考察湖南通道县万佛山及湘西等地的丹霞地貌。1999年，考察贵州习水县、赤水市及福建武夷山、泰宁县金湖、桃源洞等地的丹霞地貌。

黄瑞红在1990年1月与刘尚仁一起考察丹霞盆地、坪石盆地、星子盆地的丹霞地貌；9月，他还到惠阳县澳头盆地考察丹霞地貌。1991年8月—11月，他与黄进赴黑、冀、陕、豫、鄂、湘、浙、皖、赣考察了30多处丹霞地貌。他在1990—1991年间，对丹霞盆地东缘的周田及北缘仁化城附近的浈江、锦江河流阶地做了调查研究，并对部分阶地的沉积层做了热释光采样及测年分析。

由上述可知，我系以黄进为首的数位研究丹霞地貌的学者，对中国各地的丹霞地貌进行了大量的系统的野外实地考察，在国内首屈一指，这为丹霞地貌的理论研究打下了较坚实的基础。

三、组织、推动丹霞地貌研究

在1979—1991年期间，我系对丹霞地貌的研究已在国内处于领先地位。所以在1991年12月，在由陈传康、黄进筹备的，在丹霞山召开的第一届丹霞地貌旅游开发学术讨论会上，成立"丹霞地貌旅游开发研究会"时，我系黄进即被推选为理事长，彭华为理事（1994年在崀山会议上，彭华被推选为副理事长）。黄进当时认为，丹霞地貌研究是地貌学中的一项重大的研究课题，靠少数人难于完成，必须组织、发动全国的有关专家、学者共同来研究，才有可能较好地完成任务。所以，他在1993年、1994年、1997年及1998年，分别在福建武夷山、湖南新宁县崀山、青海尖扎县坎布拉及湖南通道县万佛山，筹备召开了第二、三、四、五届丹霞地貌旅游开发学术讨论会，发动有志于丹霞地貌研究及对丹霞地貌有兴趣的专家、学者写论文来参加会议，使全国各地的丹霞地貌研究成果在会上得到交流，大大促进了丹霞地貌的研究。每次会议后都出版了会议论文集（前三届由黄进主编，后两届由彭华主编），合计发表论文167篇，达160余万字（另有30篇论文在其他刊物上发表）。论文的作者达162人。研究内容涉及中国丹霞地貌的基本理论（定义、分类、特征、沉积、构造、营力、发育机制、呈色机理、与其他地貌对比等）、研究方法（测年、岩石分析、应力分析、遥感、制图等）、历史文化（丹霞地貌与宗教、崖刻、石窟、造像、古人类、岩墓、悬棺、古山寨的关系等）、开发利用（资源评价、规划、开发、保护、旅游经济等）和科普教育等。[28]总之，在黄进任理事长的丹霞地貌旅游开发研究会的推动与组织下，中国丹霞地貌的研究已在全国展开，呈现出空前活跃的局面，并直接或间接服务于经济建设，得到学术界与社会的关注。

1998年7月，在第五届丹霞地貌旅游开发学术讨论会（湖南通道会议）上，黄进因连续两届任期已满、年老及撰写《中国丹霞地貌》一书等原因，恳请辞去理事长一职，并推荐彭华为理事长。1999年7月，由彭华理事长筹备在贵州习水县召开第六届丹霞地貌旅游开发学术讨论会及主编出版习水会议论文集，继续组织及推动中国丹霞地貌的研究。

四、丹霞地貌研究的进展

我系黄进、刘尚仁、彭华、黄瑞红等人对丹霞地貌进行了多年的考察研究，取得了一系列成果，推动了丹霞地貌研究的发展，其主要方面有下列10点。[29]

1. 关于丹霞地貌的定义

自1939年陈国达提出"丹霞地貌"这一地貌学名词以来，在相当长的时期内，没有人讨论过丹霞地貌的定义。直到22年后，即在1961年，黄进在编制广东省1∶50万地貌图时，提出"丹霞地貌是由水平或变动很轻微的厚层红色砂岩、砾岩所构成，因岩层呈块状结构和富有易于透水的垂直节理，经流水向下侵蚀及重力崩塌作用形成陡削的峰林或方山地形"[30]。又经历了22年后，于1983年《地理学词典》提出丹霞地貌的定义为"指巨厚红色砂砾岩上发育的方山、峰、赤壁、岩洞和巨石等特殊地貌"[31]。同年《地质辞典》也提出丹霞地貌"指厚层、产状平缓、节理发育、铁钙质混合胶结不匀的红色砂砾岩，在差异风化、重力崩塌、侵蚀、溶蚀等综合作用下形成的城堡状、宝塔状、针状、柱状、棒状、方山状或峰林状的地形"[32]。1988年10月，黄进在西安全国旅游地学研讨会上，又将丹霞地貌的定义具体表述为："发育于侏罗纪至第三纪的水平或缓倾斜的厚层紫红色砂、砾岩层之上，沿岩层垂直节理由水流侵蚀及风化剥落和崩塌后退，形成顶平、身陡、麓缓的方山、石墙、石峰、石柱等奇险的丹崖赤壁地貌称为丹霞地貌。"[①] 这一定义引起了国内不少学者的热烈讨论并纷纷提出了不同见解的定义。黄进在1988—1991年考察了湘、赣、闽、陕、甘、宁、川、黔、黑、冀、豫、鄂、浙、皖的近百处丹霞地貌之后，在1991年又对1988年的定义做了补充。[33] 但他仍感到上述定义虽较为详细、具体，但太冗长，不便记忆。所以，在1991年12月的第一届丹霞地貌旅游开发学术讨论会上，他提出把原定义简化为"由红色砂砾岩形成的丹崖赤壁及其有关地貌称为丹霞地貌"[33]。考虑到红色粉砂岩砂质泥岩、泥岩等软岩夹层对岩槽、岩洞的生成及其引起的崩塌作用在丹霞地貌发育过程中的意义，他又把定义修改为"红色碎屑岩陡崖及其有关地貌称为丹霞地貌"，或"有陡崖的红色碎屑岩地貌称为丹霞地貌"，或"有陡崖的以砂砾岩为主的红色碎屑岩地貌称为丹霞地貌"。[13]

---

① 黄进：《丹霞地貌与旅游资源》，全国旅游地学研讨会论文（西安），1988年10月。

1992年，黄进再次到张家界地区考察，对该区一部分中上泥盆系下部的海相红色石英砂岩所形成的棱角峥嵘的地貌形态与丹霞地貌做了对比；1993年他又到河北赞皇县嶂石岩，对其元古界坚硬的海相红色石英砂岩所形成的棱角分明的陡崖地貌与丹霞地貌做了对比；发现它们与红色陆相碎屑岩构成的、受风化片状剥落所浑圆化的丹霞地貌大不相同。他当时认为应把红色陆相碎屑岩所形成的丹霞地貌与海相碎屑岩所构成的张家界地貌、嶂石岩地貌区分开来。1993年11月，在丹霞山召开的第一届全国旅游地貌学术讨论会上，彭华在起草关于筹备召开"丹霞地貌及旅游开发国际学术讨论会的倡议书"时提出，构成丹霞地貌的红色碎屑岩应加"陆相"两字成为"红色陆相碎屑岩"，黄进当即表示赞成。以后他便将丹霞地貌定义改为"有丹崖的红色陆相碎屑岩地貌称为丹霞地貌"。[34, 35]

彭华当时对丹霞地貌所下的定义为"发育在红色陆相碎屑岩基础上，以赤壁丹崖为特征的一类地貌称为丹霞地貌"[35]，以后又改为"丹霞地貌是以赤壁丹崖为特征的红色陆相碎屑岩地貌"[36]。这与黄进、黄可光[37]、罗成德[38]等人的定义基本趋同，只是在文字的表达上有一些差异而已！

刘尚仁提出"丹霞地貌是由沉积岩构成的丹崖赤壁群地貌"[21, 39]。最近他又提出"具有层面凹槽和岩石棱角次圆化的赤壁丹崖群地貌"的丹霞地貌概念①，这是一种独特的见解。百花齐放，百家争鸣，这对丹霞地貌研究很有好处。

2. 丹霞地貌坡面发育

（1）丹霞地貌的坡面特征。黄进把近水平构造的丹霞地貌坡面自上而下分为三种坡面类型[12]：

一是受近水平岩层面控制的层面顶坡。层面顶坡可分为与岩层面较一致的平缓顶坡和与岩层面不完全一致的缓凸型顶坡。它们一般皆不同程度地形成0.5米至数米厚的红色风化壳。因此，这些顶坡的坡度既与岩层面的控制有关，同时也与山顶风化物质在湿润条件下的内摩擦角有关。

---

① 刘尚仁：《对丹霞地貌若干问题的思考》，第六届丹霞地貌旅游开发学术研讨会（贵州习水）论文，1999年7月。

二是受垂直节理控制的陡崖坡。受垂直节理控制的陡崖坡主要是因为较大面积的岩块沿垂直节理（主要是减压节理）发生崩塌作用形成的壮观的陡崖，是丹霞地貌三种坡面中最令人注意的一种坡面。由于这种坡面的发育，使崖顶上部的层面顶坡日益缩小，同时又使崖麓的崩积缓坡不断增宽、加高，所以这种陡崖坡是丹霞地貌三种坡面中最重要的一种坡面。在陡崖处于相对稳定状态时，由于风化、片流侵蚀，陡崖上会发生硬岩层突出圆化，软岩层凹进，顺坡向形成平行沟槽等微地貌。但这些微地貌不改变陡崖坡的基本特征。

三是受崩积岩块内摩擦角控制的崩积缓坡。崖麓崩积缓坡，一般较严格地受崩积岩块内摩擦角所控制，多在30度左右。当崩积物较粗大时，其坡度较陡；反之则较缓。但当崩积物受风化而形成风化壳或土壤时，其坡度则受这些风化壳及土壤层在湿润条件下的内摩擦角所决定，往往比原来崩积物的坡面要和缓。若崩积物及风化土层被蚀去，则露出其下方的基岩缓坡面。

上述"顶平、身陡、麓缓"三种坡面，是丹霞地貌中最基本、最简单的坡面类型，也是丹霞地貌的基本形态特征。

缓倾斜岩层构造丹霞地貌坡面，除山顶为一向一方作缓倾斜的缓凸形顶坡外，其他坡面特征与水平岩层构造的坡面类型基本相同，即缓倾斜顶坡四周常发育悬崖陡坡，崖麓则形成崩积缓坡，呈现"顶斜、身陡、麓缓"的坡面特征。

（2）丹霞地貌的坡面发育规律。黄进在1982年系统论述了丹霞地貌坡面发育规律。[12]丹霞地貌的坡面发育往往是沿垂直节理、裂隙的侵蚀开始的，首先形成一线天式的深沟。深沟的侵蚀和崩塌使之加深、加大而成巷谷。巷谷的陡崖坡继续沿垂直节理进行崩塌作用，当水流来不及搬走堆积在崖麓的崩积物时，则会在巷谷两侧的陡崖麓部形成崩积坡。这样，崩积物便掩埋崖麓的部分基岩。因此，在陡崖沿垂直节理崩塌后退的过程中，在崖麓下方造成崩积缓坡的同时，也在崩积物下面形成了一个基岩缓坡面。上述作用继续进行，陡崖坡则不断崩塌后退，崩积坡则不断加宽加高，其下伏的基岩缓坡面也不断加宽加高。山顶的平缓坡面则被切割，其面积逐渐缩小，同时使山麓缓坡逐渐扩大，而形成面积较大的缓坡丘陵。原来的山块则退缩成为堡状残峰或孤立的石柱。这是丹霞地貌坡面发育的一种基本方式。

当陡崖坡发生崩塌作用时，巨大的重力作用使崩塌下来的岩块发生一次剧烈的碎化作用，这样就使堆积在崖麓缓坡上的岩块、岩屑大大增加了与空气、水分和生物的接触面积，使风化作用得以加速进行。而且，当陡崖坡发生一次规模较大的崩塌作用之后，常间以一个不崩塌稳定时期，不但使陡崖上的片状、块状风化剥落作用得以进行，而且使崖麓缓坡的崩积物有一个较安定的时期来进行风化作用，使崖麓缓坡上有相当部分形成红色风化壳及土壤层。这时坡面水流也在缓坡上进行冲刷、侵蚀。当缓坡上某些部分的上层被蚀去，而露出基岩缓坡面时，水流就会沿着岩层的节理进行侵蚀而形成新的陡崖坡，然后又在其麓部产生新的崩积缓坡及其下伏的基岩缓坡面，并随着其上方陡崖的崩塌后退而不断扩大。这些新的缓坡又会受到风化、侵蚀而产生更新的陡、缓坡面。所以在丹霞地貌区，常可见到数级缓坡阶梯式地貌（当然，随地壳的间歇性抬升及流水的间歇性下切，或因岩层的软硬差异，也可形成多级陡缓坡面）。

3. 丹霞地貌的风化作用

黄进认为丹霞岩层由于孔隙度大、矿物成分复杂、导温性能差等特点，特别适于风化片状剥落的进行。他把丹霞地貌的风化作用及其结果分为两种类型[34]：①凸片状风化作用。常形成浑圆状的山顶、山脊、岩柱石蛋和浑平岩墙等地貌。②凹片状风化作用。常形成岩槽、额状洞、扁平洞、穿洞、天生桥、蜂窝状洞穴、漏斗状洞穴等地貌。

岩槽的某一部分，可继续风化发育成额状洞或扁平洞，它们可进而发育成穿洞，一部分穿洞可继续风化及崩塌，发展成为天生桥。[40]

4. 低等植物对丹霞地貌发育的影响

1988年，黄进到江西弋阳县圭峰考察，发现在满生藻类的黑色崖壁上，有一小块1～2平方厘米的新鲜红色岩石露出并继续作片状风化剥落，形成微型、小型洞穴；也在此看到满生苔藓的小悬沟，反而高出其两侧没有低等植物而正在进行风化的岩壁。由此他发现藻类、苔藓、地衣等低等植物对岩石表面的保护作用，可使岩石表面暂时不受风化或减轻风化作用。他率领的考察组曾于1994年夏季在丹霞山实测过低等植物覆盖层下的白天岩石表面温度比没有低等植物的光岩面温度低1.5～2.0℃，这无疑会减轻由于温度变化而对岩石的破坏作用。以往研究地貌，很少有人注意低等植物对风化作用的影响，黄进发现的这一自然现象，对今后研究地貌发育因素及其影响具有较大的意义。

5. 地壳上升速度的研究

黄进与丹霞地貌课题组的刘尚仁、黄瑞红及梁致荣等在丹霞山区的浈江、锦江各级河流阶地冲积层中进行了较系统的热释光采样。采样部位选择在各级阶地靠近河床相顶部的河漫滩相底部的沙层，基本上相当于古河流平水期的水面。分析结果得知丹霞山区的地壳平均上升速度为 0.97 米／万年。由此可知丹霞山现代地貌形成于距今大约 600 万年前，其丹崖后退速度平均为 0.5～0.7 米／万年。1990 年 12 月，刘尚仁在坪石金鸡岭武江河流阶地上采热释光样品及分析。以后黄进在湘西通道万佛山、广西都峤山、闽北武夷山及湘南永兴等丹霞地貌区采样及分析，其结果如表 1 所示。

表 1　江南丹霞地貌区地壳上升速度　　　　　　　单位：米／万年

地点	地壳上升速度	样品数	采样人	采样时间	分析样品部门
粤北丹霞山	0.97	10	黄进、刘尚仁、黄瑞红、梁致荣、陈华富	1990—1992 年	中山大学地球科学系
粤北金鸡岭	0.66	2	刘尚仁	1990 年 12 月	中国科学院广州地球化学研究所
湘西万佛山	0.87	4	黄进、杨光成	1998 年 4 月	中山大学地球科学系
桂东南都峤山	1.24	1	黄进、秦进庚、周日光	1998 年 11 月	中山大学地球科学系
闽北武夷山	1.16	5	黄进、俞建安、郑宝润	1998 年 12 月	中山大学地球科学系
湘南永兴	0.85	2	黄进、黄汉国	1999 年 6 月	中山大学地球科学系
平均	0.96	24	黄进、刘尚仁等 11 人	1990—1999 年	中山大学地球科学系

6. 减压（卸荷）节理与丹霞地貌发育的关系

黄进坚持实地考察丹霞地貌多年，在实践中逐步认识了卸荷节理与丹霞地貌发育的关系。他认为在丹霞地貌区中的河谷或沟谷两边的丹霞山体，因其一侧为谷地，产生临空面而减压（卸荷），使山体外侧平行谷地走向产生减压垂直节理，当其基部被河流淘空，或因地下水作用，沿节理面发生崩塌，形成壮观的丹崖赤壁地貌。因为以往学者对此重视不够，黄进曾多次加以强调，并认为有必要继续进行更深入的研究。近年来，他观察到日温度变化已影响不到的深达10米的地下岩块作多层状球状剥离现象，可能也与减压作用有关。

7. 丹霞喀斯特地貌的研究

黄进在考察了大量的丹霞地貌区之后，发现随着红色陆相碎屑岩的$CaCO_3$含量多寡不同，在丹霞地貌中喀斯特发育的程度也大为不同。当红层中的$CaCO_3$含量较少时，丹霞地貌正常发育，只在一些丹霞岩洞的顶部有少量石钟乳发育，如丹霞山[41]；当$CaCO_3$含量较多时，则丹霞地貌发育过程中同时有喀斯特发育，地表会出现石牙、溶沟，地下会出现溶洞，洞内有石钟乳、石笋、石幔等化学沉积发育，如四川安县鹰嘴岩、江油窦圌山等[42]；当红层中含有大量石灰岩砾石，其胶结物又有大量$CaCO_3$时，地表石牙、溶沟十分发育，地下有溶洞及地下河发育，如四川安县浮山及龙泉砾宫[41]，其地貌特征也基本喀斯特化了。黄进及其课题组的刘尚仁、黄瑞红等对广东的丹霞喀斯特地貌曾做了不少研究。[43-45]

8. 丹霞地貌与土林地貌

黄进于1997年8—9月间曾考察了云南元谋物茂土林、陆良彩色沙林、永德土林、南涧土林及四川西昌黄联土林。若以"有陡崖的红色陆相碎屑岩地貌"的丹霞地貌定义来衡量，它们都有陆崖，都是陆相碎屑岩，关键是看其颜色是否为红色便可分辨其是否为丹霞地貌。上述土林和沙林中，有的是红色或土红色，如永德土林、南涧土林和物茂土林的一部分等，黄进称其为"土林式丹霞地貌"。

9. 丹霞地貌区域差异的研究

迄今为止，中国已经发现的丹霞地貌共有530处，其中黄进已经到实地考察过的有395处，占总数的74.5%。除了对这些地区的基础研究并鉴别了不少真伪外，黄进在我国丹霞地貌的区域差异研究方面更是做了重要的贡献。

我国幅员辽阔，地理环境的区域差异显著，丹霞地貌的发育特征也表现出区域差异。根据黄进的考察，我国丹霞地貌在亚热带湿润区、温带湿润区、半湿润区、半干旱和干旱区、青藏高原高寒区都有分布。不同的气候带产生不同的外力组合，都不同程度地影响丹霞地貌的发育进程和地貌特征。如半干旱区的丹霞地貌顶部常有黄土覆盖，雨季时黄土泥浆可贴附在丹崖上；停积在丹崖上的黄土尘，可把红色丹霞变为黄色丹崖。黄进认为这些可以结合气候地貌学的研究继续进行探讨。

10. 丹霞地貌研究与旅游开发的结合

近20年间，黄进所到之处，除了考察丹霞地貌，进行基础科学研究之外，还十分关心丹霞地貌区的旅游开发和经济发展，通过写文章、提意见等形式为地方献计献策，并向有关部门和领导推荐，为丹霞地貌风景区的发展奔走呼号。尤其是黄进连续筹备组织召开了五届丹霞地貌旅游开发学术讨论会，除了推动中国丹霞地貌的研究之外，都为会议所在地的旅游开发做了大量的研究工作，提出不少好的建议，同时提高了当地的知名度，有力地促进了丹霞地貌区的旅游经济发展。例如他和彭华、吴起俊等为丹霞山申报国家地质地貌自然保护区研究编制的上报材料，得到国家自然保护区评委会全票通过，1995年获国务院批准。

在丹霞地貌旅游开发方面，彭华做出了十分突出的成绩：1992年，他对丹霞山翔龙湖新景区做了总体规划、详细规划和开发总体设计，并早已建成开放；同年，进行了丹霞山新山门建筑设计及投资经营可行性研究（早已建成使用）。1993年进行了丹霞山阳元石景区开发策划与规划及开发总体设计（早已建成开放）；同年，他又进行了丹霞山旅游度假区总体规划（已获省政府批准并实施）。1994年，进行了丹霞山"世界丹霞地貌博物苑"项目方案设计（已列为广东重点旅游项目）。1997年，完成了丹霞山国家地质地貌自然保护区总体规划（已于1998年3月通过评审验收）。1998年，完成了丹霞山锦江沿岸旅游开发总体规划、详细规划与项目策划（已实施）。1999年，对贵州省习水县丹霞地貌旅游开发进行探讨。他为当地丹霞地貌的评价、开发做了不少贡献，成绩卓著，难能可贵。

此外，黄进等对丹霞洞穴及天生桥的成因[40, 45]、丹霞地貌与人文景观[46]、区域丹霞地貌[14-17, 19, 20]、丹霞地貌分类[33]等方面都做了不少有意义的研究。

黄瑞红还对丹霞山趋势面做了分析研究（1992）。以后，他对丹霞地貌与河流阶地的关系及丹霞山风景地貌旅游资源综合模糊评价做了研究。

总之，近10多年来，丹霞地貌研究在中山大学地理系取得了较大的发展，组织及推动了中国丹霞地貌的研究，在国内取得了领先地位。

参考文献

[1] 冯景兰，朱翙声．广东曲江仁化始兴南雄地质矿产．两广地质调查所年报，1928（1）：29-49．

[2] 陈国达，刘辉泗．江西贡水流域地质．江西地质汇刊，1939，第2号：1-64（图版3图c说明）．

[3] 曾昭璇．仁化南部厚层红色砂岩区域地形之初步探讨．地理集刊（国立中山大学地理系），1943（12）．

[4] 吴尚时，曾昭璇．粤北红色岩系（英文稿）．岭南学报，1946（专号）．

[5] 吴尚时，曾昭璇．粤北红色岩系之地质与地形．地学集刊（国立清华大学地学会丛书之一），1948（6）．

[6] 吴尚时．粤北坪石红色盆地．曾昭璇译．岭南学报，1947，9（1）．

[7] 曾昭璇，李国珍．华南砂岩地形特点．地理知识，1957（9）：397-399．

[8] 曾昭璇．华南砂岩地形特点//曾昭璇．华南自然地理论文集．上海新知识出版社，1957．

[9] 曾昭璇．岩石地形学．北京：地质出版社，1960：46-57．

[10] 曾昭璇，黄少敏．中国东南部红层地貌．华南师院学报（自然科学版），1978（2）．

[11] 曾昭璇，黄少敏．红层地貌与花岗岩地貌//中国科学院《中国自然地理》编辑委员会．中国自然地理：地貌．北京：科学出版社，1980：139-150．

[12] 黄进．丹霞地貌坡面发育的一种基本方式．热带地貌，1982，3（2）．

[13] 黄进．中国丹霞地貌研究汇报．热带地貌，1992，13（增刊）（丹霞地貌与旅游开发文集）：1-36．

[14] 黄进．冠豸山丹霞地貌及旅游资源．热带地貌，1989，10（1/2）．

[15] 黄进，程明豪．广东大鹏湾秤头角海岸丹霞地貌的初步研究．经济地理，1994，14（增刊）（第二届丹霞地貌旅游开发学术讨论会论文集）．

[16] 黄进．福建永安桃源洞丹霞地貌及旅游资源．经济地理，1996，16（增刊）（第三届丹霞地貌旅游开发学术讨论会论文集）．

[17] 黄进．赣州通天岩丹霞地貌基本特征及其发育简史．经济地理，1996，16（增

刊）(第三届丹霞地貌旅游开发学术讨论会论文集).

[18] 黄进，刘尚仁，黄瑞红，等．丹霞盆地河流阶地的研究．经济地理，1994，14（增刊）(第二届丹霞地貌旅游开发学术讨论会论文集).

[19] 黄进，张慧吉，吴玉春，等．湖南通道县万佛山丹霞地貌初步研究．经济地理，1999，19（增刊）(第五届丹霞地貌旅游开发学术讨论会论文集).

[20] 黄进．武夷山丹霞地貌研究．经济地理，1999，19（增刊）(第五届丹霞地貌旅游开发学术讨论会论文集).

[21] 刘尚仁．湖南新宁县丹霞地貌的研究．热带地理，1993，13（2）：168-175.

[22] 刘尚仁．中国最大的丹霞天生桥．广东地质，1994，9（2）：18.

[23] 刘尚仁．湖南崀山丹霞地貌研究与旅游资源开发．经济地理，1996，16（增刊）(第三届丹霞地貌旅游开发学术讨论会论文集)：26-33.

[24] 刘尚仁，彭华．广东石角丹霞地貌与旅游资源．经济地理，1999，19（增刊）(第五届丹霞地貌旅游开发学术讨论会论文集)：68-72.

[25] 彭华，方平山．齐云山丹霞地貌及旅游开发研究．热带地貌，1992，13（增刊）(丹霞地貌与旅游开发文集).

[26] 彭华．丹霞山风景地貌研究．热带地貌，1992，13（增刊）(丹霞地貌与旅游开发文集).

[27] 彭华．粤北旅游地质资源评价与开发 // 陈传康．粤北风景资源及旅游开发研究．韶关：韶关市旅游局，等，1990.

[28] 彭华．中国丹霞地貌研究简史．经济地理，1996，16（增刊）(第三届丹霞地貌旅游开发学术讨论会论文集)

[29] 黄瑞红，彭华．踏破丹霞终无倦 笑傲古稀更年华．经济地理，1998，18（增刊）(第四届丹霞地貌旅游开发学术讨论会论文集).

[30] 李见贤（黄进）．广东省的地貌类型．中山大学学报（自然科学版），1961（4）.

[31]《地理学词典》编委会．地理学词典．上海：上海辞书出版社，1983.

[32]《地质辞典》编委会．地质辞典（一）：普通地质构造地质分册：上册．北京：地质出版社，1983.

[33] 黄进，陈致均，黄可光．丹霞地貌的定义及分类．热带地貌，1992，13（增刊）(丹霞地貌与旅游开发文集).

[34] 黄进．丹霞地貌的旅游资源及其开发与保护//中国地理学会地貌与第四纪专业委员会．地理·环境·发展．北京：中国环境科学出版社，1995.

[35] 彭华．关于丹霞地貌定义的讨论．经济地理，1996，16（增刊）（第三届丹霞地貌旅游开发学术讨论会论文集）．

[36] 彭华．丹霞地貌旅游开发研究的回顾与展望．经济地理，1999，19（增刊）（第五届丹霞地貌旅游开发学术讨论会论文集）．

[37] 黄可光．再论丹霞地貌的定义．经济地理，1996，16（增刊）（第三届丹霞地貌旅游开发学术讨论会文集）．

[38] 罗成德．关于丹霞地貌若干问题的探讨．经济地理，1999，19（增刊）（第五届丹霞地貌旅游开发学术讨论会论文集）．

[39] 刘尚仁．湖南崀山丹霞地貌研究与旅游资源开发．经济地理，1996，16（增刊）（第三届丹霞地貌旅游开发学术讨论会论文集）．

[40] 黄进．从湖南新宁县下汤家坝丹霞天生桥的形成兼论丹霞天生桥的成因．经济地理，1996，16（增刊）（第三届丹霞地貌旅游开发学术讨论会论文集）．

[41] 黄进，梁百和，朱素琳．丹霞山岩溶地貌的初步研究．经济地理，1994，14（增刊）（第二届丹霞地貌旅游开发学术讨论会论文集）．

[42] 黄进．中国丹霞地貌的初步研究．热带地貌，1992，13（增刊）（丹霞地貌与旅游开发文集）．

[43] 刘尚仁，黄瑞红．广东红层岩溶地貌与丹霞地貌．中国岩溶，1991，10（3）．

[44] 刘尚仁．广东的红层岩溶及其机制．中国岩溶，1994，13（4）．

[45] 刘尚仁，苏泽霖，黄瑞红．丹霞洞穴地貌的初步研究．经济地理，1994，14（增刊）（第二届丹霞地貌旅游开发学术讨论会论文集）．

[46] 黄进，黄瑞红．丹霞地貌与人文景观．热带地貌，1992，13（增刊）（丹霞地貌与旅游开发文集）．

中国丹霞地貌研究进展[①]

彭 华

一、研究阶段

（一）初创阶段（20世纪20年代—新中国成立前）

1928年，冯景兰等将构成丹霞山的红色地层及粤北相应地层命名为"丹霞层"。[1] 1938年，陈国达首次提出"丹霞山地形"的概念。[2] 1939年，陈国达正式使用"丹霞地形"这一分类学名词[3]，以后丹霞层、丹霞地形的概念便被沿用下来。

此阶段，一些学者对红层的地层、岩性、构造、地貌发育等进行了不同程度的研究与论述。[4-8]研究的范围主要在中国东南部，提出并确定了"丹霞地形"的地貌学名词，论证并界定了华南地区的丹霞层层位，开始了作为一种特殊地貌类型的学术研究。

（二）成型阶段（新中国成立—20世纪70年代末）

新中国成立后，我国地质、地理工作者开展了广泛的区域地质调查和综合科学考察，对中国红层分布和地层特征有了更多的了解，丹霞地貌作为一种地貌类型在各类报告中得到更广泛的使用。[9-12] 1960年曾昭璇发表专著，首次将红层地貌作为独立的岩石地貌类型总结论述。[11] 1980年曾昭璇、黄少敏在《中国自然地理·地貌》中，专题论述了中国红层的分布、岩石学特征、地貌发育和形态特点，对以丹霞山为代表的主要丹霞地貌发育和地貌特征做了系统总结。[13]

此阶段以曾昭璇等人的工作为代表，总结了丹霞地貌研究成果，使丹霞地貌的学术名词得到了更为广泛的传播与接受，作为一个独立地貌类型的学术研究已初步形成体系。

（三）发展阶段（20世纪80年代以来）

该阶段以黄进（1982）深入剖析丹霞地貌坡面发育机制开始[14]，他主持的课题组先后对我国21个省区近400处丹霞地貌进行了实地考察，各地学者也把研究区域不断扩大[15-17]。陈传康对丹霞地貌景观和风景地貌的研究，标志着丹霞地貌应用研究方向的形成。

[①] 原载《地理科学》2000年第20卷第3期，第203～211页。

随着我国旅游发展对资源深层次开发的要求日益强烈，许多丹霞地貌风景区逐步开发，对丹霞地貌的基础研究和旅游开发研究产生了有力推动，出现前所未有的发展局面。1991年在广东省丹霞山召开了第一届全国丹霞地貌旅游开发学术讨论会，并成立了"丹霞地貌旅游开发研究会"，组织起一支全国各地包括地质、地貌、生物、土壤、岩土力学、风景与旅游等学科人员参与的研究队伍，成为我国近10年来地貌学研究方面一支活跃的队伍。到1999年已召开6届学术研讨会，出版了5本论文集。研究内容涉及基本理论、研究方法、历史文化、开发利用和科普教育等许多方面。[18-22]

这个阶段在陈传康、黄进的推动与组织下，以黄进的工作为代表，丹霞地貌旅游开发的研究已在全国各地展开，成为当代地貌学领域中一个有力的生长点。

二、研究现状与主要认识

（一）关于丹霞地貌的定义

1939年，陈国达提出"丹霞地形"的地貌学名词以来的很长时期内，没有人讨论过它的定义。直到1961年，黄进在编制广东省地貌图时，首次提出"丹霞地貌是由水平或变动很轻微的厚层红色砂岩、砾岩所构成，因岩层呈块状结构和富有易于透水的垂直节理，经流水向下侵蚀及重力崩塌作用形成陡削的峰林或方山地形"[12]。

1983年，《地理学词典》和《地质辞典》先后提出内涵相近的丹霞地貌定义。[23, 24]1988年黄进又将丹霞地貌定义做了具体描述①。1992年他把定义简化为"由红色砂砾岩形成的丹崖赤壁及其有关地貌"，"红色碎屑岩陡崖及其有关地貌"[18]。

1993年，彭华提出对红色碎屑岩应加"陆相"的限定，为"发育在红色陆相碎屑岩基础上，以赤壁丹崖为特征的一类地貌"[20]②。黄进（1995）将定义改为"有丹崖的红色陆相碎屑岩地貌"[25]。黄可光（1996）定义为："由红色陆相碎屑岩组成的、具有陡峻坡面的各种地面形态"[20]。经过几年的讨论，意见逐步趋于统一，"红色陆相碎屑岩"作为丹霞地貌的物质基础和"赤壁丹崖"或"陡峻坡面"作为形态限定为大部分学者所接受。因此，丹霞地貌的定义可以表述为：以赤壁丹崖为特征的红色陆相碎屑岩地貌。

---

① 黄进：《丹霞地貌与旅游资源》，全国旅游地学研究会第三次会议（西安），1988年。
② 彭华：《关于召开丹霞地貌旅游开发国际学术讨论会的建议》，首届全国旅游地貌学术讨论会（丹霞山），1993年。

此外,罗成德(1994)、刘尚仁(1994)等还提出了关于形态要素的量化判别标准[19],对丹霞地貌进行了尺度上的限定,作为量化研究的参考。但其标准尚有待进一步探讨。

(二)类型及特征

1. 丹霞地貌的类型

黄进等(1992)从地层倾角大小、红层之上有无盖层、丹霞地貌所在气候区、发育阶段、形态特征和有无喀斯特化现象等6个方面分别对丹霞地貌进行不同系列的分类(表1)。[18]

表1 丹霞地貌分类初步方案

分类依据	类型
岩层倾角	<10°,近水平丹霞地貌;10°~30°,缓倾斜丹霞地貌;>30°,陡倾斜丹霞地貌
有无盖层	无盖层,典型丹霞地貌;有盖层,类丹霞地貌
气候区	湿润区、半湿润区、半干旱区、干旱区丹霞地貌
发育阶段	幼年期、壮年期、老年期丹霞地貌
有无喀斯特化	有喀斯特化,丹霞喀斯特;无喀斯特化,非丹霞喀斯特地貌
地貌形态	宫殿式(柱廊状、窗棂状)、方山状、峰丛状、峰林状、石墙状、石堡状孤峰状等

2. 丹霞地貌的形态特征

黄进把近水平构造的丹霞地貌坡面,自上而下分为3种坡面类型[14]:

(1)受近水平岩层面控制的层面顶坡。顶坡的坡度既与岩层面的控制有关,同时也与山顶风化物的内摩擦角有关。

(2)受垂直节理控制的陡崖坡。陡崖坡主要是因为较大面积的岩块沿垂直节理发生崩塌而形成的陡崖。它是3种坡面中最重要的一种坡面。

（3）受崩积岩块内摩擦角控制的崩积缓坡。崖麓崩积缓坡受崩积岩块内摩擦角控制，多在30°左右。当崩积物较大时，其坡度较陡；反之则较缓。若崩积物及风化土层被蚀去，则露出其下方的基岩缓坡面。

上述"顶平、身陡、麓缓"3种坡面，是丹霞地貌中最基本、最简单的坡面类型，也是丹霞地貌的基本形态特征（图1）。

图1 近水平岩层发育的丹霞地貌坡面形态

（三）丹霞地貌分布

我国丹霞地貌分布广泛，在亚热带湿润区，温带湿润区、半湿润区、半干旱和干旱区，青藏高原高寒区都有分布，目前已知共有500余处。不同的气候带产生的外力组合，以及晚近地质时期环境的变迁，都不同程度地影响丹霞地貌的发育进程和地貌特征的继承与演变。按黄进总结的503处丹霞地貌分布状况以省区归纳如表2。

表2　中国各省、区丹霞地貌区的数量　　　单位：处

省区	数量	省区	数量	省区	数量	省区	数量
广东	46	安徽	01	山西	01	贵州	22
广西	14	河南	02	陕西	11	云南	10
福建	32	山东	01	甘肃	65	海南	01
浙江	37	河北	02	青海	32	江苏	01
江西	72	辽宁	02	宁夏	02	吉林	尚未发现
湖南	32	黑龙江	01	新疆	10	西藏	尚未发现
湖北	07	内蒙古	04	四川、重庆	95	台湾	01

资料来源：根据黄进已发表的资料统计[18, 24, 25]，数据截止至1999年5月。

(四）丹霞地貌发育条件

1. 物质基础：红层的形成及特征

（1）红层。红层是一种红色陆相碎屑岩系，是丹霞地貌发育的物质基础。由于沉积环境的差异和后期地质作用的改造，红层的颜色可变化于棕黄、褐黄、紫红、褐红、灰紫等偏红色；陆相的限定主要是区别相对均质、致密的海相沉积；碎屑岩系用以区别陆相化学沉积和生物沉积。[20]

（2）红层的形成时代。目前国内所发现的红层均不早于中生代，其中以白垩纪最多，约占80%；形成丹霞地貌的最老红层为三叠系。[19, 20] 彭华（1994）认为丹霞地貌是地壳演化到一定历史阶段的产物[19]，即地壳刚性增强，地台扩大，有相对广大的陆地面积之后，才因地台活化而形成反差较大的内陆沉积盆地和外围山地物源区，在适当的气候与沉积环境下发育陆相红色堆积。这不排除其他古陆台上有较老的红层发育。

（3）红层的组成与岩性。红层的碎屑组成差异很大，四川盆地西北部古山前拗陷中的红层巨砾可达数十厘米（罗成德，1996）[20]，而盆地中部多由泥质岩构成；砾石成分一般与外围山地的物源一致；砂质主要是石英，含部分长石；胶结物以泥、砂为主，化学胶结物主要为硅质、钙质和铁质。丹霞山砂岩样中 Al_2O_3、CaO、Fe_2O_3、K_2O、Na_2O 的含量均超过克拉克值，胶结物中的碳酸钙含量一般占15%左右（彭华，1992）[18]；湖南崀山的碳酸钙含量随外围地层不同而有很大差别，在接触碳酸岩源地的地方，可达25%以上（肖自心，1998）[21]。

红层形成于内陆湖盆，盆地边缘往往堆积巨厚的洪积相混杂泥砾，往中心渐变为洪积、冲积砾岩，砂砾岩，砂岩与河积、湖积细砂，粉沙岩或泥质岩。但由于沉积过程不同，各次沉积的平面形态和垂向组合表现出很大差异，许多崖壁上可看到红层剖面的韵律结构。据目前研究，大部分丹霞地貌发育在砾岩、砂砾岩、砂岩地层组合上；相对软弱的粉砂质和泥质岩多发育红层丘陵，只有在河流凹岸或质地稍坚硬时才形成尺度不大的红色陡崖坡。

（4）红层形成的古地理环境。由于红层中多含有碳酸盐岩碎屑或钙质胶结物，甚至有蒸发盐夹层，目前大部分学者认为红层形成在炎热干燥的环境下。但是红层的红色主要是高价铁（Fe^{3+}）相对富集而成，这个富集过程必须要有足够的淋溶作用。按照"将今论古"的原则，红层形成的古气候环境应是一种类似于现代热带、亚热带半湿润、半干旱气候或干湿季气候，以保证有足够的淋溶并保持长时期的氧化环境。

2. 构造基础：构造对丹霞地貌的控制

（1）区域构造对沉积盆地的控制。中生代以来，我国许多在海西运动后稳定的陆台发生活化，东部地区受太平洋板块影响，形成一系列北东—北北东向的隆起带与拗陷带；西部地区受印度板块挤压，从北向南渐次成陆并形成若干盆地；中部则形成一个北东向的压扭性地带。因此，我国中、新生代盆地基本以此格局展布，控制了红层盆地的分布规律（图2，略）。

（2）断层、节理对山块格局的控制。盆地内部的构造线格局是控制丹霞地貌山块格局乃至山块形态的基本因素。大的构造线控制了山块总体排列方向，小构造则控制山块走向、密度和平面形态。丹霞山的山块排列基本沿北北东向的大断层延伸，而山块走向、石柱排列主要沿近东西向断层和大节理延伸（图3）。[18]

（3）岩层产状对坡面形态的控制。岩层产状对丹霞地貌形态的影响主要是对山块顶面和构造坡面的控制。一般情况下，近水平岩层上发育的丹霞地貌具有"顶平、身陡、麓缓"的坡面特征；缓倾斜岩层上发育的丹霞地貌则"顶斜"，具有单面山的特点，其斜顶基本和岩层层面一致；陡倾斜岩层所发育的丹霞地貌若不是保留了古侵蚀面的话，其顶面很难形成平顶或缓斜顶，而多是尖顶。如甘肃刘家峡地区的岩层倾角达50～60度[22]，其构造坡面已构成陡崖坡。

图3 航片显示的构造线理与山块排列关系（丹霞山天柱石一带）

（4）地壳升降对地貌发育进程的控制。地壳升降对丹霞地貌发育的影响体现在红层盆地必须是后期上升区，以便为侵蚀提供条件。上升到一定程度而长期相对稳定，利于丹霞地貌按连续过程从幼年期到老年期逐步演化；间歇性抬

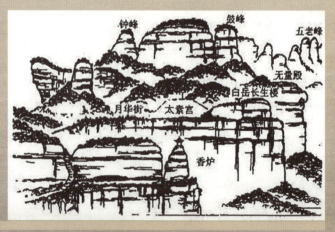

图4 齐云山丹霞地貌发育的多层性（上部两层素描）

升则可能发育多层性丹霞地貌，齐云山的这种陡缓坡组合多达五级，图4表现的是最上层两级。据黄进、刘尚仁等（1994）在丹霞山区河流阶地冲积层中进行的热释光采样分析，得知丹霞山区的地壳平均上升速度为0.97 m/万年。由此可知丹霞山现代地貌形成于距今大约600万年前，其丹崖后退速度平均为0.5～0.7 m/万年。[19]

3. 外力条件

直接影响丹霞地貌发育的外动力主要有流水、风化和重力等作用，其中流水是塑造地貌的主动力。

（1）流水作用。流水作用在丹霞地貌发育和演化中的主导性表现为流水是下切和侧蚀的主动力；同时流水又不断地蚀去坡面上的风化物质，使风化得以继续进行；流水的侧蚀往往在坡脚掏出水平洞穴，使上覆岩块悬空，为重力崩塌提供了可能。此外，流水对红层中的可溶性成分进行溶蚀，可促进水动力侵蚀的加强和风化作用的进程。

（2）风化作用。风化作用对暴露的红层坡面进行着经常性的破坏，尤其在陡崖坡上，流水的作用减弱，在一些直立坡或反倾坡上基本无流水作用，各种风化作用（片状、块状、粉末状等）表现得十分清楚。因为红层在垂向上的岩性差异而导致抗风化能力的不同，常使得砂砾岩等硬岩层相对凸出而成顺层岩额或岩脊，泥质或粉砂质软岩层则凹进而成顺层岩槽或岩洞，顺层岩洞的风化加深为上覆岩层的崩塌创造了条件。

黄进（1996）把红层的风化作用归为凸片状风化和凹片状风化两种，前者使山顶、山脊或石块圆化，后者使软岩层凹进。凹进岩槽的某一部分，可继续风化发育成额状洞或扁平洞，进而发育成穿洞，部分穿洞可继续风化及崩塌，发展成为石拱或天生桥。[20]

此外，干旱区的盐风化、高寒区的冻融风化使这些地区的丹霞地貌物理风化强烈，而使其形成比较粗糙的表面，如青海坎布拉等。

（3）重力作用。因为陡崖坡往往是崩塌面或经后期改造过的崩塌面，是丹霞地貌最具特色的形态要素，所以重力作用在丹霞地貌发育过程中相当重要。重力作用往往发生在流水下切或侧蚀而形成的临空谷坡上，当流水侧向掏蚀而使山坡局部悬空时，悬空岩体便可能沿原生构造节理或减压（卸荷）节理发生崩塌（图5）。陡崖坡上的风化凹槽进一步加深，上覆岩体也可沿各种破裂面发生崩塌（图6）；洞穴、天生桥的顶板也常发生局部崩塌。

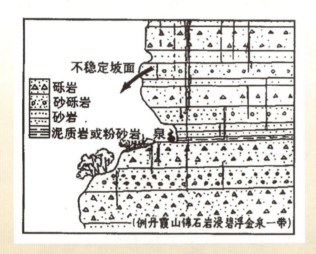 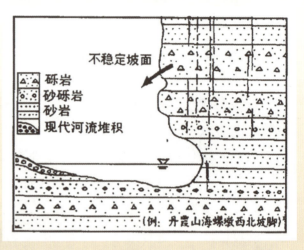

图5 流水侧向侵蚀而引起的坡面不稳定现象　　图6 主要由软岩层风化而引起的坡面不稳定现象

陡崖坡的崩塌大多是沿着某一破裂面的块状崩塌，到坡脚发生机械破碎，因而坡脚常会堆积由巨大石块构成的崩积物。丹霞山锦石岩大陡崖下的崩积物最大的可达30 m×20 m×5 m，丹霞山宾馆在上面建了一幢三层楼房。

（4）其他外动力。干旱区由于盐风化及风沙吹磨而在丹霞崖壁上形成大量风蚀窝穴[18, 19]，黄可光称之为蜂窝状丹霞地貌；黄进等（1994）论述了海岸丹霞地貌发育过程中波浪的作用[19]；人工凿石而在本已经夷平的红层丘陵上重新雕琢出的各种地貌景观被称为人工丹霞地貌，以广东莲花山最具有代表性[21]。

（五）发育规律

丹霞地貌发育过程表明它是一种不同于其他地貌的特殊地貌发育过程。笔者根据近年来各家的研究，将丹霞地貌的发育规律综述如下（图7）。

丹霞地貌发育开始于红层盆地的抬升。由于红层盆地发育在相对刚性的陆台上，因此其后期构造变动往往以断裂构造为主。尤其是断层破碎带和大节理成为后期流水切割的薄弱地带。抬升高出当地侵蚀基准面的红层首先被流水沿断层和垂直节理下切侵蚀，形成深狭的切沟，进一步侵蚀使之加深、加大而成一线天式的巷谷。在此之前，崩塌一般不发育。

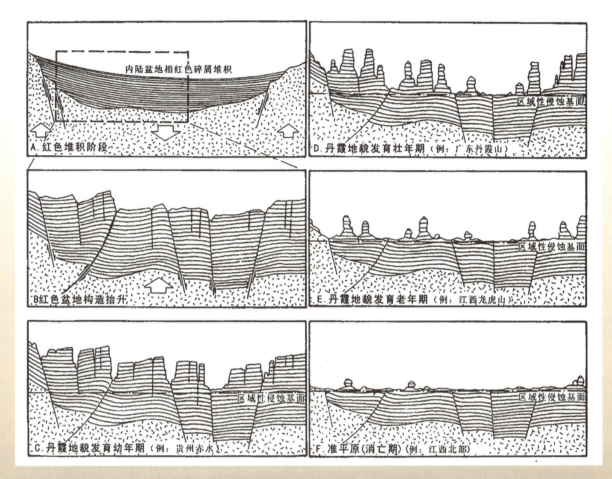

A. 内陆盆地形成，氧化环境，碎屑堆积（洪积、冲积、湖积）；B. 盆地抬升，以断裂为主的块状构造发育，局部宽缓褶曲，地壳渐趋稳定；C. 流水下切为主，巷谷、峡谷发育，上部保持较大面积的沉积顶面或弱侵蚀平台；D. 主河谷接近区域侵蚀基面，近河谷地带形成红层峰林，远河谷地带发育红层峰丛，地表最崎岖；E. 主河谷与主要支谷达侵蚀基面，区内河谷平原、红层丘陵和红层孤峰相间分布，局部可保持峰林状；F. 区域呈波状起伏的准平原化，个别地段保留孤峰或孤石，至此完成一个侵蚀旋回

注：条件——假设B以后地壳相对稳定。若某阶段地壳抬升，则在此基础上流水下切，形成丹霞地貌的多层性。

图7 丹霞地貌侵蚀旋回图示

流水下切到一定深度，遇到下伏硬岩层或是接近于局部侵蚀基面，水流以侧向侵蚀为主对基部进行破坏，谷壁沿垂直节理逐步崩塌而使巷谷加宽形成峡谷。这时崩塌可能在沟谷的谷底堆积，发育不稳定的崩积缓坡。随着谷地的加宽，崩积缓坡也越明显。

此后，陡崖坡基部因高出谷底而致流水的侵蚀减弱或很少有流水直接作用，陡崖坡的崩塌主要靠软岩层的风化凹进而缓慢进行。黄进（1982）认为，崩积物掩埋的崖麓基岩可暂时被保护，在陡崖坡崩塌后退过程中，崖麓下方造成崩积缓坡的同时，也在崩积物下面形成了一个基岩缓坡面；上述作用继续进行，陡崖坡崩塌后退，崩积坡加宽加高，下伏的基岩缓坡面也加宽加高。而山顶的原平缓坡面则被切割，其面积逐渐缩小，同时山麓缓坡逐渐扩大。原来的山块则逐步退缩成为"堡状残峰"或孤立的石柱。[14]

根据黄进研究，当陡崖坡发生一次规模较大的崩塌作用之后，常间以一个稳定时期，崖麓缓坡上有相当一部分形成红色风化壳及土壤层。这个过程可能随地壳的间歇性抬升或流水的间歇性下切而在一个地区多次重复进行，所以在丹霞地貌区，常可见到数级陡缓坡阶梯式地貌（因岩层的软硬差异，也可形成多级陡缓坡面）。[14]

三、丹霞地貌旅游开发

（一）丹霞地貌的开发利用价值

丹霞地貌分布区内往往沟壑纵横，起伏剧烈，风化壳较薄，土壤养分较少，生态平衡脆弱，一般不宜作为工、农、交通用地。而典型的丹霞地貌则山块离散，群峰成林；赤壁丹崖上色彩斑斓，洞穴累累；石堡、石墙、石柱、石桥造型丰富，变化万千，其雄险可比花岗岩大山，奇秀不让喀斯特峰林；红层盆地中又多有河溪流过，丹山碧水相辉映。因此，丹霞地貌是构成风景名山的一种重要的地貌类型。在中国国家级风景名胜区中，就有丹霞山、武夷山、龙虎山等20多处名山由丹霞地貌构成。作为一种独特的风景地貌用于旅游开发，比较其他功能的开发更能实现其资源价值，更有利于兼顾经济、社会和环境效益。随着人们的旅游需求不断增加，丹霞地貌的旅游开发价值将得到更加充分的显示。

（二）丹霞风景地貌研究

改革开放以来我国旅游业发展迅速，众多的丹霞地貌风景区逐步开发，对丹霞地貌的基础研究和旅游开发实践研究提出了新的要求。陈传康（1977）较早开始研究承德丹霞风景地貌，论述了承德丹霞地貌的形成、演化、地貌特征、地貌奇景及景观的开发利用等。彭华（1987）曾论述了丹霞地貌的构景特点及观赏价值，1989—1991年对丹霞山和齐云山丹霞风景地貌的发育规律、风景地貌的分类、风景质量的评价与分级等进行了研究。[18]

1991年成立丹霞地貌旅游开发研究会以来，各地学者积极参与了当地丹霞地貌旅游资源评价与开发实践研究，根据需要从相关学科引进了研究方法和思维理念，使丹霞风景地貌的研究逐步走向深入。

(三)丹霞旅游文化

1. 丹霞自然山水文化

丹霞山水文化涉及关于丹霞地貌的地理学、地质学、地貌学、水文学、生物学、山水美学和"附会文化"等知识。这些科学与美学知识，只要按照旅游需求加以策划和组织，就可转化为文化旅游产品（彭华，1998）。[22] 但这方面的利用目前只限于学生的科普教育和教学实习，而面对大众的科普旅游仍然是一个弱项。因此，这是一项大有潜力可挖的文化旅游资源。

2. 丹霞地貌与人文景观

除了作为一种自然旅游资源，丹霞地貌区还孕育和沉淀了丰富的人类文化遗产。[18, 21]

丹霞地貌单体或群体形态常呈完整的块状或城堡状，紫红色调，给人庄重和神圣之感，同我国传统表现权威、富贵、吉祥的色调一致，与中国宗教崇尚的主体色调一致，从环境角度加强了宗教场所的威严感和神秘感。这种自然风光与神秘意境的结合，常使之成为宗教圣地。如集儒、释、道三教于一山的武夷山，道教名山龙虎山、齐云山、青城山、崆峒山等均由丹霞地貌构成；青海坎布拉则以藏传佛教复兴期发祥地而闻名于国内藏区和海外。

组成赤壁丹崖的厚层红色砂岩，其岩性结构致密均一，硬度较小，易于雕刻，因而留下大量摩崖石刻、摩崖造像、崖壁画等，如四川乐山大佛；赤壁上遍布的浅平岩洞往往成为石窟艺术的载体，如甘肃麦积山石窟、炳灵寺石窟等石窟艺术成为甘肃最富有特色的旅游资源；西宁市北禅寺，在向外凸起的坚硬红层上建楼阁佛堂或通道，岩洞内则保留隋、唐、宋、明、清壁画，有"西平莫高窟"之称；赣州通天岩的摩崖造像，齐云山、武夷山的摩崖石刻等都是历史和宗教文化珍品。

丹霞地貌区以地形险要而著称，古代的军事要塞、古山寨常凭险而筑，如四川剑门关和广东金鸡岭险关、丹霞山遍布山顶的古山寨等。此外，丹霞赤壁上众多洞穴为岩居、悬棺葬、文物存放提供了天然场所；特别是龙虎山、武夷山绝壁上大量春秋战国时期的崖墓群，在距地面百米的丹霞洞穴内，成为墓葬奇观。

(四)旅游开发

近年来丹霞地貌旅游开发研究会的成员，均不同程度地介入了丹霞地貌区域的旅游开发实践研究，通过写文章、提意见、做规划等形式为地方献计献策，向有关部门和领导推荐，向社会做宣传甚至参与开发实践。丹霞地貌旅游开发研究会成立以来，召开了5届丹霞地貌旅游开发学术讨论会，除了推动中国丹霞地貌的研究之外，都为会议所在地的旅游开发做了大量的研究工作，促进了丹霞地貌区的旅游经济发展。

四、未来展望

（一）丹霞地貌研究的理论与实践意义

丹霞地貌是地壳演化到一定历史阶段而出现的特殊地貌类型，丹霞地貌及其相应的基础研究将有助于揭示中生代以来的地壳演化特征，深化和丰富地貌学理论。丹霞地貌研究是在中国诞生、发展起来的一个地貌学分支学科，是中国地学工作者对科学的一份贡献。

丹霞地貌在中国有着广泛的分布，类型多样，发育典型。研究丹霞地貌区域的资源保护、环境培育和开发利用方向，对于区域社会经济发展有着巨大的实践意义。尤其是作为一种优良的风景地貌，丹霞地貌具有很高的旅游开发价值。丹霞地貌风景资源转化为经济、社会、环境效益的工作日益受到社会各界的重视。

（二）丹霞地貌研究的近期任务

1. 加强基本理论研究

近年来丹霞地貌研究取得不少成果，但其理论建设仍比较薄弱，尚未形成完整的理论体系。应更好地利用相关学科的成熟理论，吸收现代研究方法，在丹霞地貌的形成条件、动力机制、演化过程、分类系统等方面做深入研究，建立丹霞地貌学的完整理论体系。研究会已出版了5集论文集，编写《中国丹霞地貌》大型文献是近期工作的重点。

2. 扩大应用研究的接触面

丹霞地貌的应用研究应有多层次的介入，尤其是对于科学的评价系统、市场分析和旅游经济发展、开发策划与规划、科普文化的提炼等是目前必须面对的主要课题。因此，应加强与应用地貌学、旅游地理学、旅游经济学等学科的结合，扩大应用研究的接触面，开创新的生长点，更直接、更深入、更有效地介入旅游开发实践，以增加学科发展机会。预计今后具有更强操作性的应用研究将占有更重要的地位。

3. 尽快与国际研究接轨

目前，国际上还没有将丹霞地貌作为一个独立的地貌类型进行研究。我国丹霞地貌研究已经取得了不少成果，与国际交流与合作研究的条件已经成熟。应通过地质、地理界已经形成的各种渠道，吸收国外学者参加研究与交流，在适当的时候组织召开国际学术讨论会，使丹霞地貌形成更广泛的国际影响，确立丹霞地貌在国际地貌学分类系统中的地位。

参考文献

[1] 冯景兰，朱翙声．广东曲江仁化始兴南雄地质矿产．两广地质调查所年报，1928（1）：29-49.

[2] Kuota Chan. On the subdivisions of the Red Beds of South-Eastern China. Bulletin of the Geological Society of China, 1938, 18: 315-316.

[3] 陈国达，刘辉泗．江西贡水流域地质．江西地质汇刊（图版3，图 C 说明），1939，（2）：1-64.

[4] 陈国达．广东之红色岩系．国立中山大学理学季刊，1935，6（4）：783-784.

[5] 徐瑞麟．广东北江地质之研究．地质论评，1937，4（2）：361-376.

[6] 曾昭璇．仁化南部厚层红色砂岩区域地形之初步探讨．国立中山大学地理集刊，1943，（12）：19-24.

[7] 吴尚时，曾昭璇．粤北之红层（The Red Beds in north Kwang-tung）．岭南学报专号，1946：12-20.

[8] 吴尚时，曾昭璇．粤北红色岩系之地质与地形．地学集刊，1948，6：13-45.

[9] 周仁沾，杨超群．关于东南沿海一带红色岩系划分的几点意见（节要）．地质论评，1951，16（1）：131-132.

[10] 曾昭璇，李国珍．华南砂岩地形特点．地理知识，1957：397-399.

[11] 曾昭璇．岩石地形学．北京：地质出版社，1960：45-57.

[12] 李见贤（黄进）．广东省的地貌类型．中山大学学报，1961（4）：70-81.

[13] 曾昭璇，黄少敏．红层地貌与花岗岩地貌//中国科学院《中国自然地理》编辑委员会．中国自然地理：地貌．北京：科学出版社，1980：139-150.

[14] 黄进．丹霞地貌坡面发育的一种基本方式．热带地理，1982，3（2）：107-134.

[15] 黄可光．兰州安宁堡宫殿式类丹霞地貌浅析．西北师范学院报（自科版），1987（3）：49-52.

[16] 赵佩心．承德丹霞地貌及旅游资源的开发利用．地域研究与开发，1988（3）：43-47.

[17] 陈致均，黄可光．甘肃丹霞地貌初探．西北师范大学学报（自科版），1989（4）：68-71.

[18] 黄进．第一届丹霞地貌旅游开发文集．热带地貌，1992（增刊）．

[19] 黄进．第二届丹霞地貌旅游开发学术讨论会论文集．经济地理，1994（增刊）．

[20] 黄进．第三届丹霞地貌旅游开发学术讨论会论文集．经济地理，1996（增刊）．

[21] 彭华．第四届丹霞地貌旅游开发学术讨论会论文集．经济地理，1998（增刊）．

[22] 彭华．第五届丹霞地貌旅游开发学术讨论会论文集．经济地理，1999（增刊）．

[23]《地理学词典》编委会．地理学词典．上海：上海辞书出版社，1983.

[24] 地矿部地质辞典办公室．地质辞典（一）：普通地质构造地质分册：上册．北京：地质出版社，1983.

[25] 黄进．丹霞地貌的旅游资源及其开发与保护//中国地理学会地貌与第四纪专业委员会．地貌·环境·发展．北京：中国环境科学出版社，1995：264-267.

[26] 黄进．中国丹霞地貌的分布//中国地理学会地貌与第四纪专业委员会．地貌·环境·发展：1999年嶂石会议文集．北京：中国环境科学出版社，1999：242-246.

（二）学人追忆

冯景兰与丹霞地貌[①]

堵海燕 史静安 丽 芝

冯景兰是我国著名的地质学家、教育家，是我国近代地质工作的先驱。冯景兰对两广地质，黄河及黑龙江流域的新构造运动、地貌、成矿控制、成矿规律及从事地质教育等方面进行了大量的实际工作，在许多方面发表了独到的、深邃的见解，不仅在当时具有奠基和开创意义，至今仍有重要的指导意义。

一、冯景兰生平

冯景兰生于1898年，河南省唐河县人。青年时期留学美国，1923年学成归国。他长期从事地质科学和地质教学事业，辛勤地工作了50多年，是我国近代地质和地质教育事业的先驱之一。冯景兰在我国近代矿床学，尤其是在金、铜等矿床地质学方面，做了不少奠基性的工作，受到学术界的赞誉和推崇。

1918年，冯景兰公费赴美留学，入美国科罗拉多矿业学院学习。1921年毕业，获矿业地质工程师学位。同年，冯景兰考入美国哥伦比亚大学研究院，攻读矿床学、岩石学和地文学。1923年获硕士学位，是年回国，走上了献身于祖国地质教育事业和矿产地质勘察事业的漫长道路。

1923—1927年，冯景兰任河南中州大学讲师、教授和矿物地质系主任。他结合教学工作，研究了开封附近黄河沿岸的沙丘。这是冯景兰与黄河治理和开发结下不解之缘的开端。

1927年，冯景兰到河北昌平黑山寨分水岭调查金矿地质。这是我国最早进行的现代金矿床地质工作之一。

1927—1929年，冯景兰任两广地质调查所（广州）技正。他先后与朱翔声、乐森璕等共同工作，调查了广九铁路沿线地质（1927年）。他们还对粤北地质矿产（1927年底）和粤汉线广州至韶关段（1929年）沿线地质矿产进行了综合考察工作。

[①] 原载《中国地质学会地质学史专业委员会第24届学术年会论文汇编》，2012年。

1929—1933年，冯景兰任北洋大学教授，讲授矿物学、岩石学、矿床学和普通地质学等课程。同时接受清华大学聘请，在清华大学兼职任课。这段时期，冯景兰调查过沈海铁路沿线地质矿产、河北宣龙铁矿、陕北地质等。冯景兰这时不仅致力于国内地质教育和地质调查实践，而且还注视着国际上地质学的动态，并且尽量将主要信息介绍到国内，以提高地质工作的水平。除介绍国外火山学研究的进展外，为促进我国矿产资源的开发，他还编著了《探矿》一书。该书于1933年商务印书馆出版后，不止一次再版，发行甚广。该书内容全面且简明扼要，介绍了当时国际上的先进经验。可以说该书是现在《找矿勘探地质学》的前身。同年，他还发表了《放射性与地热学说》一文。

1933年起，冯景兰受聘于清华大学，任教于地学系，讲授矿床学、矿物学及岩石学等课程。1933—1937年暑假期间，冯景兰调查了河北平泉、山西大同、山东招远以及泰山地区等处的地质、岩石和矿产。冯景兰是招远玲珑金矿地质研究的先行者之一。这时，冯景兰指导王植对山东泰山地质进行研究，这是国内最早的从事先寒武系课题的研究工作。

抗战时期，冯景兰随学校搬迁，又为抗战寻找矿产资源。1937年抗日战争全面爆发，清华大学南迁长沙，再迁昆明。冯景兰任西南联合大学教授，1943—1945年兼任云南大学工学院院长及采矿系主任。这段时期，冯景兰既执掌教务，又致力于川康滇等省的铜矿地质等工作，以支持抗战。

当时，野外工作颇多，如1938年秋云南省永胜地区铜矿、1939年西康荥经铜矿和四川省彭县铜矿、1940年西康东部和四川西部各矿、1942年云南东川各铜矿和云南路南矿产等处的地质调查。在上述工作基础上，1942年冯景兰完成《川康滇铜矿纪要》一书。该书获当时教育部学术奖。在随后的《川康滇铜矿的表生富化问题》中，冯景兰论述了上述3省铜矿的表生富化现象及其形成的地质地理条件。此外，冯景兰还做过不少其他的矿产地质调查工作，包括1941年西康会理天宝山铅锌矿和滇缅公路西段保山、昌宁、顺宁、蒙化地质及矿产，1942年云南路南县地质矿产，1944年云南滇缅铁路沿线地质，1945年云南玉溪县地质矿产和云南呈贡县地质等。此外，还撰文讨论川康滇铜矿业的将来、云南之造矿时期及矿产区域和云南地质矿产及矿业等。

冯景兰一向注意水资源状况及水系问题。1941年发表《中国水系的不对称特点》，论述了淮河、渭河、海河、辽河、塔里木河、西江、扬子江各水系的不对称特点，并分析其原因。1946年发表《云南大理县之地文》，认为该地区有分水岭迁移及改流现象，可以利用地文特点，自甸头开渠，提出了开发水力和水利资源的卓越见解。

1949年中华人民共和国成立后，年过半百的冯景兰更加焕发了青春活力。冯景兰积极参加祖国的建设事业，先后在清华大学和北京地质学院任教，还奉命奔走于祖国的河山之间，从事矿产勘测和水力资源的调查研究。

1951年6月，冯景兰被任命为中国地质工作计划指导委员会委员，参与对新中国地质工作的全面规划。1954年，冯景兰著文《黄河的特点和问题》。是年，冯景兰被聘为黄河规划委员会地质组组长。同年12月，冯景兰参加编写《黄河综合利用规划技术调查报告》中的地质部分，文中特别指出：黄河上中游的水土保持工作必须大规模地积极地推进。

1956年，冯景兰参加了全国12年科学发展规划工作，同年被选为社会主义建设积极分子，出席了全国和北京市先进工作者代表大会。1957年，冯景兰被选聘为中国科学院学部委员（院士）、一级教授，还有许多社会兼职，这些名誉、地位并不是他刻意追求的，而是社会和地质界对他全部工作成果的肯定。

冯景兰从1923年学成回国至1976年辞世，献身祖国的地质事业53年，做出了多方面的贡献，包括两广地质、丹霞地形、川康滇铜矿、豫西矿产、铁（公）路路线地质、金矿地质等，还有黄河及黑龙江流域地质地貌、新构造运动及工程地质等方面所进行的大量实际工作和矿床学教科书的编著，以及成矿理论（成矿封闭说、矿床共生、成矿控制及成矿规律等）方面的贡献。这些都是后人的楷模。

二、冯景兰关于丹霞地貌的论述

1. 发现"丹霞地貌"这种独特的地貌，并在1928年著文中有详细精辟的论述

1927—1929年冯景兰任两广地质调查所（广州）技正，与同事实地调查两广地质和矿产，著有《广东曲江仁化始兴南雄地质矿产》（冯景兰、朱翙声）、《广东粤汉线沿线地质》（冯景兰、张会若）、《广西迁江合山罗城寺门煤田地质》（冯景兰、乐森璕）、《广西东北部地质》（冯景兰）、《两广地质矿业概要》（冯景兰）、《两广的地质问题》（冯景兰）、*Some Problems in the Geology of Kwangtung and Kwangsi*（冯景兰）等。这是中国人自己首次在两广境内进行的现代地质调查工作。

1927年冬，冯景兰等在粤北地质调查中，对这一地区的地形、地层、构造及矿产进行了考察和研究，特别注意到该区第三纪红色砂砾岩系广泛分布，在仁化县的丹霞山发育最完全，因而命名为"丹霞层"。该层厚300～500 m，产状平缓，经风化剥蚀后形成悬

崖峭壁，到处奇峰林立，构成独特的地形，即"丹霞地形"，或后与国际统一称的"丹霞地貌"。

冯景兰等当时对此进行了研究，在1928年发表的论文《广东曲江仁化始兴南雄地质矿产》（冯景兰、朱翙声）中对这种地形（貌）特征、分布、形成等均提出了详细精辟的阐述，文中说：

> 红色岩系砾石、砂岩、页岩及红土　本系最易鉴别之特征，为血红之颜色，故以红色岩系名之。红色岩系在本区中，位于各种岩石之上部，覆盖一切岩石，分布广，仁化之南，曲江之北，鸡笼之西，大井之东，南雄平原之内，浈水河谷之旁，到处皆红色岩系，总计面积，不下五千余方里。
>
> 红色岩系，虽以颜色为其特征，上下一致，无甚差别，而其构成物质之粗细，则大不同。略言之，可分上下两部：下部以砾岩及有交互层 Cross bedding 之红砂岩为主，间有一尺或数寸之红页岩；上部以红页岩及红土为主，间有厚约数分以至数尺之砂岩层，或灰砂岩层。上下两部之厚度，因沉积与侵蚀之关系，各处不同。丹霞山附近，几全属红色岩系之下部，厚约三百余公尺。南雄西北、苍石杨历岩等处之红砾岩系，厚亦三百公尺。南雄城南下部红色岩系，比较最薄，不过数十公尺。红色岩系之上部，在南雄盆地中，发育最盛，其厚约三四百公尺，然因质太疏松，冲洗甚易，经过近代之冲洗，其遗留之厚薄，亦殊不一致也。
>
> 以堪作代表之地域命名，则上部厚约三四百公尺之红土及红页岩，可名之曰"南雄层"，在南雄附近，最为发育。下部厚约三百余公尺之红砾岩砂岩，可名之曰"丹霞层"，在仁化城南三十里之丹霞山，发育最盛。丹霞层倾斜约在十度与十五度之间，与其下层均不整合，构成丹霞层之物质，亦不一致，视其所从来之岩石而异。简言之，凡与皇冈岭系岩石接近之处，红砾岩中之砾石，多为石英，或矽质圆块，显见由皇冈岭系或梅岭系岩石，侵蚀而来。凡近石灰岩露头之处，红砾岩中之砾岩，间有石灰岩块，丹霞始兴等处，其例甚多。与花刚岩接触处，常见有花刚岩及已经变为长石砂岩之砾块。各种砾块，常由红色粘土结合一处，故骤望之，全体皆红。砂岩粒多矽质，粗细不一，常杂以红色粘土。与花刚岩相接触之砂岩，常杂有高岭化之长石晶粒，显见由花刚岩直接风化而来，杂入他种物质甚少。砂岩之交互层理，有时纹理细致，宛如红绡，锦岩（丹霞山下，距丹霞山寺约二里许）之名，即由此而得。锦岩佛穴中，有坚固之红泥砂岩，突起成龟裂状之花纹，镶于交互层砂岩之边缘，宛如锦幕下之花边，似为晒隙 Sun cracks 中充填物质之遗迹。然而当地人民已认为天造地设，神奇无伦矣。
>
> 红色岩系上部之南雄层，以血红色之粘土（据分析结果，含铁约百分之三）及页岩为主，间以薄层之砂岩，或含钙砂岩，砾岩甚罕见。全部岩层，倾斜平缓，约

在十度与十五度之间，与其下之丹霞层相整合，侵蚀而后，每成显著之小阶级地，在南雄平原中更为显著。地面红土，风化破碎，成为疏松小粒，大如小米，经雨亦松散如沙，不甚粘结，状颇特别。且红土之内，每见薄如纸片之钙质小脉，横过粘土层理，特出于疏松之红土中，似由浸下之石灰质溶液充填于红土裂缝中而成。

  本红色岩系之位置，及其与下部岩石之关系言之，时代最新，似无可疑。谓为第三纪产物，亦尚可信。南雄层比丹霞层新，更无问题。惟丹霞层之砾岩、砂岩，与南雄层页岩红土之间，整合连续，未见显著之分界。若以丹霞层属于第三纪之前期，则南雄层当成于第三纪之后期。丹霞层与南雄层似皆在湿热之气候下风化沉积而成，故养化剧烈，呈深红色。似皆在浅水中沉积而成，故有晒隙及交互层之诸种构造。其构成之物质，似皆来自近旁，未经长途之迁移，故分别作用，Sorting action 不甚显著，常与临近之物质相类。丹霞层可代表第三纪初期山脉初隆起时之侵蚀与沉积，故物质较粗。南雄层可代表第三纪后期地面渐趋平夷时之侵蚀与沉积，故物质较细。两者似皆属于盆地或河谷中之大陆沉积 Continental deposits，故化石俱甚少。红色岩系层次颇繁，当时沉积情形之繁复，盖可想见。

  红色岩系，在广东一省，分布甚广。广州市近郊之红色粘土，似与本地区之南雄层相当。广九路石下村石下山之红砾岩砂岩，珠江口虎门山之红砾岩砂岩，似与本区之丹霞层相当。

在同一论文的"地形"一节中，对这一地形与地质构造、地形与岩石之关系、该地形的成因等均有精辟详细的研究分析，文中说：

  地形与地质构造之关系，在本区中，颇为显著。中生代末或第三纪初，因花刚岩之侵入，大庾岭之隆起，造成微偏东北西南东西方向之山脉。同时始兴南雄之南，似亦有火成岩侵入，而地层隆起，逐造成第三纪之红色盆地，与此红色盆地中之沉积。其后因丹霞南雄各红色盆地之升起，盆地中所发生之顺向河流，即向下侵蚀，深刻于第三纪红色岩层之内，以造成深约千尺风景奇绝之峡谷。丹霞、锦岩、挂榜山、五马归槽之胜，即由此而成，此大构造与地形之关系也。他如梅岭纵谷、韶关断层谷，开辟孔道，影响于地形及人事者，亦非浅鲜，详见于构造篇中。

  ……皇冈岭梅岭两系岩层，为相互间之砂岩页岩，易于侵蚀，故所成丘岭，均甚平坦，山坡倾斜，常在十五度以下。惟与花刚岩接触之处，感受接触变质之影响，质坚固，耐侵蚀，亦可成高崖陡壁。然只限于局部，绝无广大区域之皇冈岭系或梅岭系岩层，而呈奇特之地形，如红色岩系者也。二叠纪及石灰纪之石灰岩，在本区中，层位较低，分布不广，间有因侵蚀或断层之关系而露头者，如梅岭下之金龟石、钟鼓岩，始兴南之玲珑岩、鹅公咀等，率皆玲珑巧小，与红色砾岩所成地形之高大雄厚，棱角整齐，四旁壁立，上面平坦者，迥不相侔。且其山坡倾斜，多在三十五度与五十五度之间，除断层外，由侵蚀作用而成绝崖陡壁者，尚属少见。侵入花刚岩，因含长石斑晶甚多，极易风化破碎，故所成山形，无甚奇特。然因其体积甚大，隆起甚高，被覆岩层之除去甚难，直接受侵蚀作用未久，故至今犹成伟大雄厚之山岳。在浈水舟上，或南雄及始兴平原中，前后左右望，凡山岭之伟大雄厚，高入云际者花刚岩也；附大山旁，作其边缘者，水成岩也；水成岩山岭之体积较大，坡度平缓者，皇冈岭系或梅岭系也；奇拔整齐，上部平坦，四悬绝壁者，红砾岩层也；山谷之内，平原之中，丘岭断续，坡度介乎皇冈岭系梅岭系山岭及红色岩系山岭之间者，二叠石炭纪石灰岩也；本地形以推测岩石，则数十里内之地质，已了如指掌矣。

综上简述，按通常用语及辞海对"发现"词意的解释，1927—1928年，冯景兰等考察研究、发现了丹霞地形（貌）。他们对丹霞地形（貌）的论述引起了地质工作者的注意，开始了更多的研究。

2. 对"丹霞层""丹霞地形"的进一步深入研究及表述

1939年，冯景兰在《关于〈中国东南部红色岩层之划分〉的意见》对1935年发表的《中国东南部红色岩层之划分》的讨论中，再次对"丹霞层""丹霞地形"有进一步深入研究及表述，文中曾多次使用了"丹霞地形"这一地学术语。文中说："……就是没有古生物方面或构造方面之显著证据，也可以用岩石性质、地形特点、层位上下、分布情形，作为野外调查鉴别之根据。所以在民国十六年调查丹霞山和南雄盆地时，曾分粤北之红色岩层为丹霞层与南雄层。以丹霞层代表红色岩层下部以砾岩砂岩为主之岩层，以南雄层代表红色岩层上部以页岩及砂岩为主之岩层。虽说大陆沉积，变异甚剧，丹霞层中亦未常不夹有少许页岩，南雄层中亦未常不可少夹砾岩，但在发育完善之丹霞层和南雄层，从地形观点看来，确系——至少在广东北部——绝然不同。"

"民国十六年冬，我自南雄盆地之西北边，进入南雄盆地，后自南雄盆地之东北边逾大庾岭至江西，旋复折回南雄，自南雄盆地之西南角出至始兴；于南雄停留休息之数日间，更曾一度至南雄南山。故凡南雄盆地之西北、西南、东北、南各方面均经调查，均见有与古生代页岩或花岗岩相接触之基砾岩（丹霞层），与其上较疏松之页岩砂岩层（南雄层），其斜向盆地中心（南雄城）及其上下层次，逐渐变化之关系，颇为明显。"

"吾所见之丹霞盆地，周围有古生代石灰岩，真正之丹霞岩层中，石灰岩砾岩较多，粘结之力量自强，加以位于盆地中心倾角较小，故易如桂林、阳朔或路南倾斜和缓之石灰岩，切割而成绝崖陡壁。南雄盆地之边缘为花岗岩（东东南、南及西北）及页岩（东北、西南），不甚粘结，无多砾石，层不厚，质不坚，且在盆地边缘，斜度较大，故不易形成特殊之丹霞地形。……即在南雄盆地之边缘，丹霞砾岩之厚度不同，所呈露丹霞地形之完善程度亦不同。简言之，即在南雄盆地之西北边，砾岩层较厚，所造成之丹霞地形亦较著；其次为南雄盆地之东北边及西南，层厚与地形均居中等；其次为南边及东南，层厚最小，丹霞地形之发育亦最不完善。"

"总之丹霞地形为丹霞层特点之一种……"

"……马祖崖特立独出，颇具丹霞地形之特色，亦为砾岩层及粗砂岩，应为冯之丹霞层……"

三、"丹霞地貌"研究的发展

1. 早期研究

1927—1929 年冯景兰任两广地质调查所（广州）技正。他与同事先后与朱翙声、乐森璕等共同工作。调查广九铁路沿线地质（1927 年，这是中国人自己首次在两广境内进行的现代地质调查工作）、粤北地质矿产（1927 年底）和粤汉线广州至韶关段（1929 年）沿线地质矿产综合考察工作等。他们对粤北的地形、地层、构造和矿产进行了详细的调查研究，并充分注意到区内第三纪红色砂砾岩层广泛分布。该层在仁化县的丹霞山发育最完全，因而命名为"丹霞层"。丹霞层厚 300～500 m，呈平缓状产出，经风化剥蚀后形成悬崖峭壁，到处奇峰林立，构成独特的地形。故这种地形被命名为"丹霞地形"或"丹霞地貌"。这个命名至今为中外学者沿用。

1928 年，冯景兰在广东韶关开展地质调查时发现了分布广泛的第三纪（6500 万年至 165 万年前）红色砂砾岩层，这种岩层在粤北丹霞山地区发育得最为完全，因被流水、风力等长期侵蚀，形成了堡垒状的山峰和峰丛以及千姿百态的奇石、石桥和石洞。从美国哥伦比亚大学获得地质学硕士学位归来的冯景兰意识到，这是一种独特的地貌景观，并开始进行研究。

因地质调查而起始。中国第一代地质学家冯景兰、朱翙声，于 1928 年在韶关市的曲江、仁化、始兴、南雄等县进行地质调查，为了填地质图，必须对地层进行划分，逐将在仁化丹霞山一带出露的一套红色碎屑岩系定名为"丹霞层"，把其时代定为第三纪。"丹霞层"首次作为地质学名词问世。

冯景兰当时的身份是中山大学地质系两广地质调查所技正（相当于现在的教授）。20 世纪二三十年代，正是我国近代地理学的起步阶段，岭南地理界一系列研究可谓开风气之先。

2. 深入研究

1928年，冯景兰等在进行粤北地形、地层、构造和矿产调查时，将发育典型的丹霞山红色沙砾岩层命名为"丹霞层"，其时代定为第三纪。分析了丹霞层在长期的侵蚀、风化和重力等外力作用下，发育了堡垒状的山岭和千姿百态的地形，最早对这种独特的地貌进行了生动的描述："地形与岩石之关系，在本区中，更为显明。第三纪红色岩层之下部，常为深厚坚固相间互之块状砂岩与砾岩，侵蚀而后，绝崖陡壁，直如人造之坚固伟岸之炮垒，而不知其为天造地设也。南雄之苍石寨、杨历岩、仁化之锦岩、丹霞山、人头岩、千金寨、书堂岩、断石岩、观音岩、笔架山、马冈寨，曲江之龟头山、挂榜山、三峰岌、五马归槽等，皆由此种岩石，侵蚀而成。峰崖崔嵬，江流奔腾，赤壁四立，绿树上覆，真岭南之奇观也。"1939年在与陈国达的商榷文章中，冯景兰开始并多次使用"丹霞地形"的分类学术语。冯景兰首先提出了"丹霞层"的地质学名词，对丹霞层的岩石组合、地貌特征及形成原因做了生动的描述，为丹霞地貌的提出奠定了坚实基础。

丹霞地貌主要分布在中国、美国西部、中欧和澳大利亚等地，以中国分布最广。到目前为止，中国已发现丹霞地貌780多处，分布在26个省区。广东省韶关市东北的丹霞山以赤色丹霞为特色，由红色砂砾陆相沉积岩构成，是世界"丹霞地貌"命名地，在地层、构造、地貌、发育和环境演化等方面的研究在世界丹霞地貌区中最为详尽和深入。

20世纪20—30年代，中国地质学家冯景兰在粤北丹霞山调查时提出"丹霞层"。丹霞地貌是中国地质学家命名的一种特殊的岩石地貌类型，其经典定义可简单表述为有陡崖的陆相红层地貌。中国地质学家冯景兰1928年以广东丹霞山为代表命名"丹霞层"；1954年"地形学"改称"地貌学"，因此"丹霞地形"相应称为"丹霞地貌"。丹霞地貌的研究至今已经有80多年的历史。国内几十所大学和科研院所各相关领域涉足研究，形成了较为完整的丹霞地貌学科研究体系。在中国，从热带到温带，从湿润区到干旱区，从沿海丘陵平原到青藏高原，都有丹霞红层分布，发育了多种成因的丹霞地貌，形成了独特的自然地理景观和优美的自然风光。

四、结论

自1928年论文《广东曲江仁化始兴南雄地质矿产》（冯景兰、朱翙声）中首次发表了关于丹霞地貌的研究以来，已有84年。在这84年中，许多地质工作者逐渐注意了这种地形（貌），进行了不断深入的研究，并已形成了一支颇为壮观的队伍和专门的地质地理学的分支。1939年，陈国达和冯景兰在远隔数千里的地域、当时文献信息交流十分困难的特殊历史条件（抗日战争）下，各自在著作中用了"丹霞地形"地学术语，并观察到丹霞山有明显平直的天线。1943年，曾昭璇提出了20米台地、200米等准平面及垂直节理对丹霞地形发育有重要影响。1946年、1948年，吴尚时、曾昭璇对粤北红岩系地质与地形做了进一步论述。近年黄进发表了诸多丹霞山等实地考察和进一步深入研究的论文。……考察研究在不断深入。考察研究的范围也日异扩大，现国内已发现的丹霞地貌已有6个典型地区、780多处，分布在26个省区。广东韶关丹霞山是世界"丹霞地貌"命名地，在地层、构造、地貌、发育和环境演化等研究在世界丹霞地貌区中最为详尽和深入。世界其他国家也陆续发现了同类地貌。地学术语也由60年代前的"丹霞地形"与国际接轨应用了"丹霞地貌"。"中国丹霞"已被列为世界自然遗产。丹霞地貌独特的自然遗产正为越来越多的中国和世界人民带来生活的丰富和美好。这是冯景兰和为此付出过或正付出着辛勤劳动和聪明才智的人们最大的欣慰。

参考文献

[1] 刘浩龙. 冯景兰教授生平业绩述略. 现代地质，1998（4）：3-6.

[2] 徐绍史. 我为祖国献宝藏：国土资源系统院士画册. 北京：地质出版社，2009：97-98.

[3] 冯景兰，朱翙声. 广东曲江仁化始兴南雄地质矿产. 两广地质调查所地质年报，第1号：29-51.

[4] 冯景兰. 关于《中国东南部红色岩层之划分》的意见. 地质论评，1939（3/4）：173-192.

陈国达与"中国丹霞地貌"[①]

——纪念陈国达诞辰100周年

彭 渤

2010年8月2日，在巴西利亚举行的第34届世界遗产大会上，中国湖南崀山、广东丹霞山、福建泰宁、贵州赤水、江西龙虎山和浙江江郎山联合申报的"中国丹霞地貌"通过了大会审议，被列入"世界自然遗产名录"。如果说阐明地壳演化规律，提出地壳第三构造单元的大地构造理论是陈国达对地质学的杰出学术贡献，那么"丹霞地貌，国之瑰宝"[1]则是陈国达对国家、对社会、对地貌学彪炳史册的奉献，值得我们永久地纪念。

一、提出"丹霞地貌"的概念

1934年，22岁的陈国达自中山大学地质系毕业。其毕业论文《广东之红色岩系》就初步论述了丹霞地貌的概念。[2]该文后刊于《国立北平研究院院务汇报》，补充版刊于《国立中山大学自然科学季刊》。1939年，在完成1∶20万的（江西）崇仁—宜黄地质矿产图的同时，陈国达对以宜黄"石拱"为中心的丹霞地貌做了专门阐述。[2]同年，在对广东曲江丹霞山的研究中，第一次提出了"丹霞地貌"的概念。[1]在1940发表的《江西崇仁—宜黄间地质矿产》[3]一文中，进一步确立了"丹霞地貌"的概念。丹霞地貌即是"由铁、钙、粉砂质、泥质等胶结的不均匀厚层、巨厚层、层理平缓、节理裂隙发育的紫红色陆相砂砾岩，在内、外力地质作用下，发生流水侵蚀、化学溶蚀、风化剥落、重力崩塌等所形成的方山状、塔状、柱状、峰柱状、洞穴、穿洞等形态的地貌景观"[1]。

二、阐明丹霞地貌的形成机制

构成"丹霞地貌"的岩石地层是地洼学说大陆地壳第三构造单元的重要组成部分。因此，"丹霞地貌"概念提出后，陈国达一方面从地质理论的角度，详细阐明了"丹霞地貌"形成的大地构造背景、发生发展的历程和动力机制等地貌成因问题；另一方面，又以诗的形式将丹霞地貌的形成机理用科普的语言，介绍给广大民众。

[①] 原载彭渤科学网博客，https://blog.sciencenet.cn/blog-279096-546267.html。

在陈国达发表的《红色岩层中白点成因一解》《粤北坪石地貌风景的地质因素》《中国地台"活化区"的实例并着重讨论"华夏古陆"问题》《初论中国的地台活化现象》《地壳的第三基本构造单元：地洼区》《地洼区的第三构造层：地洼沉积层》等一系列论文[4-9]中，直接或间接地分析了"丹霞地貌"的形成机制。

20世纪90年代初，陈国达赋诗阐述丹霞地貌的成因，将他自己的科学研究用诗的语言表达出来，献给广大民众。如1992年写的七绝《崀山胜景成因》[10]：

崀山盆地展红层，造就峭壁与陡峻；

借问谁家施技巧，坚岩水蚀顺裂崩。

又如在《丹霞地貌成因并贺研究开发》一诗[10]中，不但进一步详尽描述了"丹霞地貌"的特征，而且对其发育的地质时代、与地壳演化的关系、与风化作用的关系等做了生动的阐述，为"丹霞地貌"的旅游资源开发利用，奠定了理论基础，并指明了方向。

三、评定并弘扬丹霞地貌的旅游资源价值

1992年，八十高龄的陈国达应邀考察湖南崀山，并就崀山景区旅游开发做评估和指导，写下了一系列诗篇[10]，如：

八旬考察崀山丹霞地貌

半生长誉丹霞美，方识崀山比丹霞。

胜地有缘何恨晚？并赞南北双奇花。

崀山红盆地素描

累累瑰宝盛朱盘，朵朵彩云镶绿间；

锦带一根穿众壁，化为奇石竞流丹。

丹霞地貌成因并贺研究开发

丹霞地貌，神州奇葩；峰林如画，誉满东亚。

中生代初，地台活化；造山运动，诞生地洼。

盆地气热，沉积氧化；三价铁艳，朱赛彩霞。

红层平叠，节理垂挂；风化水蚀，雕就秀岜。

寨高峡险，赤壁绛崖；金鸡奔马，石拱双塔。

众士科研，果硕章华；发展旅游，功报国家。

全面肯定"丹霞地貌"的旅游资源价值，大力倡导并鼓励开发利用"丹霞地貌"资源。

陈国达为"中国丹霞地貌"列入"世界自然遗产名录"做出了不可磨灭的贡献。

参考文献

[1] 胡能勇，曹湘潭，童潜明，等．走进崀山国家地质公园．长沙：湖南地图出版社，2008：1-87.

[2] 龙淑贞．大地之子：陈国达．长沙：中南大学出版社，2007.

[3] 陈国达．崇仁—宜黄间地质矿产．江西省地质调查所汇刊，第4号：71-128.

[4] 陈国达．红色岩层中白点成因一解．地质论评，1941，6（5/6）：395-398.

[5] 陈国达．粤北坪石地貌风景的地质因素．中华文化学术专刊，1946，1（1）：27-29.

[6] 陈国达．中国地台"活化区"的实例并着重讨论"华夏古陆"问题．地质学报，1956，36（3）：239-272.

[7] 陈国达．初论中国的地台活化现象．中南矿冶学院学报，1957，2（2）：67-80.

[8] 陈国达．地壳的第三基本构造单元：地洼区．科学通报，1959（3）：94-95.

[9] 陈国达．地洼区的第三构造层：地洼沉积层．科学通报，1959（5）：173-174.

[10] 陈国达．陈国达诗选．长沙：中南工业大学出版社，1998：1-112.

地理学者吴教授尚时之思想及其贡献[①]

—— 为纪念先师逝世一周年而作

曾昭璇

尚时夫子，粤省开平楼冈乡人。吴姓，未闻有字。父曰荫民，母余氏，兄弟六人，师行五。为人体健而美，隆准而重唇。直以待人，刚而不屈，常疾恶如仇，行侠仗义，精于断事。性好学，不拘小节，一生淡薄明志，勤苦俭省，颇不顾家人生产作业。

九岁，始随父来省就学广东师范学堂，始与文学结缘。屹屹终日，乃父恐其体力不胜，常携师戏步学堂园地中（是处为考棚所在，今已改观。复员之际，师携余散步于此，每有不胜今昔之感），使毋太劳顿。

稍长，益加勤勉，每与同学争衡，以夜睡勤读为冠军。必胜而后已，故每试辄冠。其治学方法为沉读强记，非天资个性如师，殊难强致。其锻练体力，则晨早赤足跑步于煤渣跑道上，故颇俱胁力，与友善者有曾公纪经。

年二十四，毕业于广东高等师范学堂。婚汪氏，氏故师之同学也。时高师改为中山大学。师复入英文系就读，对西洋文学之造诣甚深，课卷常为师长疑也。毕业后，即应试赴法留学，遂习地理焉。时已有一女，曰秋霞。

二十一年师在法里昂大学，从 Allix 游，寻转南部 Granoble 大学从 Blanchard 教授。日则旅行于山野间，归则屹屹不倦，其以地理学为终身职志，于是定矣。与友善者有孙先生宕越。

二十四年，考取国家硕士学位。论卷精辟，见重长辈，惜未能搜存。是年，妻汪氏卒。

二十四年返国，即任教于中山大学地理学系，讲授地形学、水文学、法国小区域地理、读图学诸科，皆国内所鲜见者。是年婚李女士慰慈。女士亦留法国同学，习艺术，常有文章书本载道。师获贤助，奋励倍加，终日流连于云山珠海间，其第一篇著作为《白云

[①] 原载《地学集刊》1948年第6卷。

山东麓地形之研究》。当时 A. Heim 诸氏在广州工作多年，对地形之认识，已有相当深刻，但该文所指出者，则非彼等所常能注意及者，因地形学注意于侵蚀作用，与地质学者之治地形重点，常有不同。依余所知，国人之纯粹地形学文章，始见于国内者，似以此为最早。

二十四年，先后发表《广东羚羊峡与羚羊旱峡地形之研究》及《广东番禺新造市桥地理述要》，并与其高足罗开富博士合撰《论整理广州市东濠计划》《再论整理东濠计划》二文，自撰《广东石牌中大校积水排洩问题》，皆地形水文之作。峡溪地形为珠江三角洲附近地形一大问题。盖同样地形，并见于东、西、北各江，昔德人李希霍芬氏等，皆曾提及，然考察未详，未称允当。师乃行文撰述其旱谷理论，发人所未知。盖峡谷四周，故遍凿乃师之斧痕，其理论故非坐而推想。夫地理为致用之学，《尚书》云："正德，利用，厚生"；语云："因天之时，顺地之理，物无不得其所"。穗之东堤，自清以来，失其地理，师以水文之学见长，故提而正之，固学有所用也。广州市府当局对其计划，极加重视。复员以后，余尝与师慢步东濠自小北而下珠江，彼殷殷为告余以该濠，何以为灾，清理后有何用处，历历引证，如训童蒙，怡然自得。水文一学，为国内地学者所忽略，师乃译 M. Parde 教授所著《森林与河流》一长文载于中山大学《自然科学》上。盖师以为野外工作为实际地理工作，乃终身之职务。此外，国外主要思潮之介绍，亦为精通地学与外文之学者所应尽之务。故不仅教授生徒，始足以发扬地学也。因之，室内之研究，即以翻译名著为事，尤以法文本为注意。盖师以为法国地理学为世界发达者之一，而法文又不流行于国内，故发扬我国地理学，常将彼邦名著，一一介绍，始克有济。马东男之《自然地理学原理》即彼计划翻译中之最主要者，亦于是时定矣。

室内之法文译述工作与野外之区域研究，为师一生所抱定之指标，自是数十年来如一日。

二十五年，考察四邑、阳江，曾写《广东四邑阳江地理述要》一文发表。夏五月，广州大水，师复与开富先生合力撰文，题为《论广州市二十五年六月一日之水灾》，穷源探本。水文之学为地理之一新立部门，故不仅在理论上之研究也。冬，致力于 M. Parde 氏《江河之流量》之翻译，时当局以水文关系两粤民生至巨，故师常受各方之邀请，举凡有关水利问题，皆参与焉。著名之顺德甘竹滩存废问题，众论不定，师亦被邀实地考察，以谋确定一基本之方案。

二十六年，地理系发行《地理集刊》，师固一中心主持人。是期刊布论文凡三：即（一）《广州市附近地形研究》，（二）《广州漏斗湾至杭州漏斗湾大体地形之研究》，及《论郁江之河道》。在《自然科学》七卷四期发表有《中大台地》一篇。而马东男之《地形学原理》之译文亦于同期刊出。罗开富教授亦参与是项工作。一篇学术讨论函件，亦发表于《地理学报》，是为《与哥伦比亚大学约翰教授论二公尺平台书》是也。水文方面，《江河之流量》译文发表于《自然科学》七卷三期，关于珠江甘竹滩爆炸之意见，亦刊于中大校报。是年著述，计十万字，皆地形水文之作。《广州附近地形》及《中大台地》皆指出最近广州附近地形演进之过程及特性。郁江之遗传河道现象，对整个西江之发育，亦深饶启示。一篇极有见地之论文，说明我国东南区域有一隆起轴线区域，使河流依此一隆起区域成一放射形状，排列自南而北，由北江至浙江为止。此一论点与后来在湘南、粤北工作，至相吻合，而笔者于闽省粤东所见，亦复可用。华南弧之论理，不少导源于此，《太平洋二公尺平台地形之讨论》，余见于《地理学报》，乃由罗开富先生译述者。

在炸滩意见书，备见地理学者之风度。地理为一综合科学，各有关连。滩险之炸毁，固属当然之举，但影响于滩上下之水文至巨，沿途数十里居民之生活，将因炸滩而受影响，是为该文之主要观点也。自然人文之关系，师故深识无遗，观乎其后区域地理之文章，即可知之。

二十七年，日寇南侵，师携眷避难香港。得一女，曰秋纫。是年刊出论文为法文原著之《法国里昂金山之变硬黄土》，由黄玄宗先生译成中文。二十八年初，尝替《星岛日报》草一论文曰《广东西北两江之形势》，文中尝预料敌人进攻两广途径，后果一一实现。孙宕越先生军事地理之名家也，常推重之。是年秋，中山大学迁滇澄江复校，百废待兴。中山大学地理学会于该会之刊物《地理与旅行》中，特出一期地形专号，以载师之近论，并纪念其勋劳。计有论文四篇，皆随校搬迁之成果。其不因奔劳而见缀，反而进益，其专心学术，于此征焉。《西北两江之形势》，亦转载于此。首篇为《罗定盆地之地形》，叙述地质之成因及侵蚀史至详。次篇为《云南澄江盆地地形》，乃来滇后之首次试笔。

师本以广东地理为职志。但自来滇后，乃本就地域之邻近为宗旨，复展开工作。澄江地处云南中部，故师亦以是区为工作中心。既感国难之危，更加勤省，衣破旧衣，终日扎腿，穿胶鞋，旅行于山地间，不避艰险，精神至足钦佩。自奉甚俭，致疟疾常生，身体之不良，或肇于此！

云南中部湖区地形发育，至足研究。师乃先以澄江盆地为对象，该文所述盆地四周高山（2500 m 者）为侵蚀面。以后地壳上升，成为 2000 m 之侵蚀面。再升，成广谷，断层继生，成抚仙湖。以后尚有多次湖水下降现象。第四篇为《晋宁附近地理考察记》，考察所及，自然与人文并重。

译文一篇亦同时刊布于该卷专刊，亦马东男氏著之《自然地理学原理》与第三部《水界地理》是也。其高足梅甸初先生参与工作焉。

二十九年，师之著作多发表于渠等主持之《地理集刊》中。见于其他地刊物者，有《巫峡》一篇，刊《地质论评》，系就原理上对Barbour氏对三峡地形之解释，加以批评者，性质与Johnson讨论太平洋二公尺平台相类。

《地理集刊》第三期有论文三篇：（一）《抢水地形二实例》一文，对抢水地形多所发挥，其一例采自广东台山县扶那圩，其二为取自清远附近。（二）《云南阳宗海地形考察记》，除自然方面之记述外，业及人民。译文一篇，系与梅甸初先生合译之马东男著《水界地理》。

《地理集刊》第四期，刊师之论文凡二篇：一篇为与梅甸初先生合译之《水界地理》。另一为与陈小澄合著《云南中部地形》，该文系应用统计方法，从事研究者，由频数方法决定侵蚀面之存在，使与野外及读图相应。依吴、陈二氏之研究，侵蚀面最高一般为2500 m，最低一级为2000 m，中间尚有一级2250 m者存在，惟发育程度不大优良。此种研究，在国内尚属首创。云南中部地形发育史虽经多人论述，然精详之研究，当推师数年在云南发表之论文。

《地理集刊》第五期，刊载师《广东西南部地形初步观察》一文，系用英文写成，并同时于《地理学报》第五卷刊布。对该区海陆侵蚀面之存在，及最近陆地之变动，殊有精确之论断，为我国近年少见之优良文献。

《地理集刊》第六期，载有师文二篇，其一为《云南玉溪地理考察记》，乃由师与陈永汉、陈小澄两先生合作，提纲扼要，自然人文现象，备述无遗。另一文为《四川之河流》，乃继《巫峡》以后之读图作品。国人对四川地形，屡有讨论。师之本文乃欲发其所见，为前人所未知述者，殊足注意之地形论文也。

是年，中山大学由澄江移回粤北坪石，故此后师之论文，亦以粤北区域为中心。

师回粤即接长中山大学地理系。师母与诸女仍留昆明，任教于中法大学。时国难日甚，生活艰苦，自奉益俭，师不特常为疟疾苦，且曾罹黄疸病焉。

回粤以后，《地理集刊》迅复刊，是为第七期。载有师之论文二篇：（一）为《广东乐昌盆地地理纲要》，是为师区域理论文之嚆矢。考师归国以来，一心以发扬地形、水文、读图诸学为事，而地志则专于广东地理之研究。抗战数年，困于云南，而心未尝一日忘怀于广东地理者。及既返粤，遂决心于是焉。同期刊布，尚有《四川地形之商讨》，系答覆丁锡祉先生对其关于四川地形之意见者。

同年，所译 M. Parde 教授著之《江河之水文》一书，于商务印书馆出版，为我国水界地理方面第一本主要专籍。

《地理集刊》第八期，刊有师文凡三，主要为译文。马东男之《地形学》及《水界地理》均发表于本期，并与陈小澄同撰一文曰《读图举例——广东防城龙门》，以为读图提导。盖是时教育部颁布地理系课程，读图一科，不为必修。师意认为不妥，因地理工作，读图学实为工作之基础，故认为应列入必修课程之内。观其归国后即讲授读图一课，为国内大学所无者，所以使国人注意也。故今兹斯文，亦取此意，以为国人倡焉。

《地理集刊》第九期，刊有《地形学原理》之译文。其时，师复任编译馆地理名词审查委员，将其对地理、水文名词之译名意见，刊于本期，题为《自然地理学名词审查意见书》，殊值同道参考。

《地理集刊》第十期，刊有译文三篇，皆水文、地形之作，乃继续前集刊各期所发表者。此外，并与何大章、陈小澄两先生合著《读图举例——广东乳源梅花街》。其意义一如前作，与《读图举例——广东防城龙门》，如出一辙，倡读图在地理上之重要。

三十年，师有《南岳之地形》一文，刊于中国地理研究所出版之《地理》，师与罗先生来兴研究湘南地理，尝转衡山作实地考察，穷源探索，为防军所误，几经转折，始获释焉。故《南岳》一文至为精彩。依师之意见，衡山乃回春古山地之一种，东面临断层崖，西为化石准平原面，与法国 Morvon 地型，至为相类。

三十年，应粤省府之约，为《广东年鉴》编辑委员，撰述《广东地形》一章，将广东全省地形扼要化繁，条理至为清晰。该文为我国地形上主要文献。若干旧日观念，皆被扫除。如南岭山脉、罗浮山脉，皆被取消，而代以罗平山脉。罗平山脉乃自罗定出发，向东北行连续不断之山脉，沿途或有弯曲，间受河谷切断，但无损于其方向与连续性，直至连平才出省界，若干地段，山脉重重，结成山块，是乃本省之至要脊梁。而地形分区即每受影响，珠江三角洲即止于其南边。

全省地形区分为九区：（一）珠江三角洲与广花平原；（二）北江流域；（三）西江流域；（四）东江流域；（五）韩江及附近诸小河流域；（六）六邑与两阳；（七）海南岛及远海各群岛；（八）南路；（九）海岸。

海岸地形，亦为我国地形上主要文献，上升与下降之交替，与乎珠江三角洲之生长及区分，皆备精要。吴氏以为珠江三角洲实由二个三角洲所成，即（一）为西北江合成之三角洲；（二）为东江三角洲。海岸之地形则阳江口东，以下沉形态为主，虽最近有微向上升之表示；阳江以西，以上升为主，最近亦有下降现象。

三十一年，承粤省主席李汉魂、秘书长郑彦棻之邀，制广东省政治经济地图及分县图志。

地理为致用之学，举凡政治、经济之建施，如有舆图之基本，对行政设施效率，至有辅助之效。师慨然允诺，并期以十五月为期。故三十一年全力注重于该图之编纂。徐俊鸣、何大章、罗来兴与努力焉。该图之说明书，则有李襟栋、钟衍威、李朝金等参加工作，皆师之高足也。凡二年，全图始成，已率交粤省府统计处附印。未悉下文。全图计分政治经济地图六幅（1∶1000000），分县图共108幅（1∶200000）。笔者曾目击全图之制成，及其样本，他日杀青，当为我国之一大异彩也。同时主编之日本地形图（1∶2500000），亦由亚新地学社出版。

三十二年，主编地理学系丛书，以时局动荡，已印成者只三本，皆水文之著作。其一为《广东曲江潦患与预防》（丛书第五号），系与何大章及罗来兴两先生合著。其二为《广东滇武二河之水文》，亦为与何、罗两先生合著。先余曾见该册为罗著，而师叙者，未审内文有异否。第三本为《粤北之水力》，亦与何、罗二先生合著者，列为丛书第七号。

《地理集刊》十一期革新版，亦于是时刊出。师文有二。一为《粤北国防根据地》，乃应广东文化运动委员会之讲词，大意以坪石为粤省最好之地区。次文为《粤北四邑与南路》，皆为地理政策一精彩之论文。非深谙于广东地理者，殊难出之。尤以后一文论本省三大地理区之区域关系至为清晰。大意谓四邑人口太密，而南路人口太稀，可垦之旱地尤广，粤北亦类之，故广东人口之移动与分布，应依此原理以订定行政之纲领。同年尚有《县长与地理》一文，发表于《大光报》，大意谓县长乃亲民之官，必俱有地理知识才能加速进步。

《地理集刊》十二期，载有师文一篇，题为《乐昌峡》。是为回粤北以来，数年野外工作之结果，至是始问世者。该文不但对乐昌横谷问题有精详之讨论，且对山区地理环境之影响，亦备述无遗。故可算一篇精彩之区域地理论文也。

乐昌峡之成因，诚可推及全粤北所见之横谷，如杨溪水、南水等。师意以为此等横谷，乃沿断裂地带发育之遗传河也。其遗传面为一准平原。

四月，《地理专刊》第一号刊出，题为《丹霞与南雄层位之新见解》，余亦共署名焉。

本文乃余等在粤北各地考察地形时，旁及红色岩系问题者。盖关于此系岩石，前学者如冯景兰等曾分为二层，即南雄层，代表细幼砂页岩，及丹霞层，代表厚硬砂岩。其位置之上下，亦各持一见，有彼上此下，有彼下此上。师乃另提一说，以为红色岩系系属内陆式沉积，各盆地之情形不同，故所谓南雄、丹霞层乃有岩相之意义而无层位之意义。换言之，是乃同期而异相之产品。同时完成之论文，有《坪石红盆地》，及《粤北红色岩系》二文，皆英文稿，余亦获合署名。

是年师邀美人葛德石（G. B. Cressey）来中山大学讲学，曾赠与文章一册，计凡五篇：（一）与来兴先生合作之《南岳之地形》（法文稿）；（二）《坪石红盆地》；（三）《粤北侵蚀面及横谷》；（四）《粤北红色岩系》；（五）《雷州半岛》。后四文兼署余名，除首三篇未刊外，后二篇已刊于《岭南学报》专号。

三十三年，与何大章教授合著之《广东省之气候》，在亚新地学社出版，师之地理造诣，故不单就地形、水文方面，气候之注意亦可于此见之。该文对广东气候资料之收集，极备完善，为区域气候论文中之鲜见者。论述方法亦一本气候学为地理学一支之旨趣，不能兼顾各方面，且数字之表示，亦有适当之利用。由总说而及分论，由主要特色起，渐次论及其差异性，区分由是生焉。师以为地理学为一综合科学，区域论文必指出其特征，次而述其差异，故写气候文章亦本此旨。本文可谓真正之地理学气候文章，与气象者有异其趣。是年，接家属返粤北。

同年，《雷州半岛》一文刊于《地理学报》，余亦附名焉。对雷州半岛在最近地质时代之运动，叙述甚详。地壳最近不断上升，原始地面向有遗迹可睹，半岛北部即为最近一上升海底平地。南部为一串大致东西走向断裂地带所捣乱，隆起成山。南北断层亦可见于中部，最近火山现象，亦可见于广州湾及半岛南端。

三十三年，冬，敌寇侵粤汉铁路。师携眷与陈小澄、梅甸初诸兄，同舟沿武江上溯临武，复获一儿，曰昭羽。居三月，常与余考察附近圩市，草《圩市之研究》一文，《南岭何在》与《华南弧》亦具概念。已而，复返坪石复校，敌寇旋至，师南走曲江，余停于乐昌。旋曲江为敌陷，乃退居曲江附近村落，备极艰苦。迫甸初兄来接至仁化，始安居扶溪圩旁村落间，草成《南岭何在》一文，后余寄刊《思想与时代》杂志中者是也。《华南弧》（英文稿）亦成焉。时敌人四困，师居之晏如也。旋余自汝城来会，相逢如隔世，师欣然出示二文，始谈半年来备尝艰苦之状，留余居其家焉。日中无事，将其昔日考察，重加细察，《仁化地理》即成于是。而马东男之《气候学》亦译毕于此古夏村。

三十四年初，日寇亡败，随校回穗，与梅甸初及余合舟南下，享清江之鲈，赏河山之美，夜泊市廛，沽酒讴歌，各思家园之乐。凡旬日，抵广州。是年，师整理家业，举家团聚，生活甚佳，体亦康健。旋辞中山大学主任职，转岭南大学任教。

三十五年，自刊马东男著《自然地理学原理》第一部《气候学》。时岭南大学中国文化研究室拟将《岭南学报》复刊，乃先刊师之论文四篇（英文稿），集成专号，曰《岭南学报》英文论文专号。皆粤北时代之工作成果，余亦荣与同著之名焉。

首篇为《仁化县地理》，乃良好区域地理论文。吾人在该区域工作不下六月。余毕业论文亦为该区者。全文因受政治区域限制，故需分成三区论述：即（一）北部山地区，（二）南部红岩破碎台地区，（三）董塘盆地。此三区也适可代表粤北地理个性特征。次为《粤北红色岩系》，乃就历年在粤北工作之结果，先加分述，次则综合，成若干结论。该文主要结果为红色砂岩为同期异相之产品，在粤北红色砂岩特性，（一）多岩相变化极烈，（二）为水平构造。其沉积环境用一立体新坭图表示，红岩发育，大致可分四期：（一）其沉积时为内陆壮年地形，包括河谷、湖泊、小山、弧山等，故岩相复杂；（二）沉积期地壳下降，造成厚层岩石；（三）当日地形渐渐夷平；（四）地层水平，只有断层作用扰乱。

第三篇为《东江附近地形初步观察》，全文指出三点：（一）广东东部八行山脉之高度，皆有 1000 m 之准平面遗迹。以下 850、750、650 m 甚至更下台地一一存在。（二）为东江河系之特殊形态。即自西北流入东江之支流皆有较大长度，数目亦多；而东南流入者，则数目既少，即有，亦较短小。此种现象并非偶然，而有一定原因可寻。师意以为乃由于季候风雨所致，是乃我国气候对地形影响之一良例。而师首先提出此见解者，殊值国人注意，盖同样地形，亦存在于福建省境。（三）为东江三角洲之提出，师以为珠江三角洲实由两小三角洲合成，东江三角洲即于珠江东海股建立者也。（四）为河流袭夺之一例，乃东江近江两边境地方，由于东南季风雨侵袭南流力量增强，夺劫北流之河道，申报地图亦错绘之。

第四篇为《雷州半岛》，曾刊登《地理学报》者。对该区陆地最近升降有详细论述。扼要言之，乃一上升之海底台地，有火山作用伴随产生；南部势力较大，有二隆起带，作 NW—SE 走向，其余大部为一低丘或台地区域；南部隆起地带显著现象有二火山作用下陷盆地，正当隆起最强之处。是专刊本拟多刊《华南弧》一文（英文稿），后未果，乃后余将之发表于《地理学报》十四卷三及四期者是也。

三十六年，《岭南学报》正式复刊（七卷一期）。师与余合写一文为《广东南路》，乃一纯粹区域性论文，师之地理观念亦可由本文显出，谈气候时顾全地形、水文，谈地形亦顾及土壤及农作、交通等事，而精微之我国聚落研究、住民系别，皆一一详论。其二曰《南岭何在》，刊于岭南大学《历史政治学报》，乃师在仁化扶溪时所成，而再修改者，余亦署名。本文主意不外将南岭山脉概念取消，盖照地形上言，南岭实非一山脉也。同年译Baulig氏《北美洲地志》"北美之气候"一章，刊于岭南学生自治会出版之《南风》。

先是，《广东南路》之写作，日夜业继，余参与其事，亦不得暇。师母每以勿过劳相劝。文成不久，又复拟有《珠江三角洲区域》之写作，并拟改称为《广东中区地理》，继南路之后也。然师食少劳多，疟疾时发，教授生活之困难，亦日加深重。故旋即病发焉，肝疾也，医嘱静养勿劳。而师未能行之，仍日抱一卷，疾由是渐深。疾中犹自写《华南弧》一文，刊于《岭南学报》七卷二期。师病缠绵九月，时愈时发。师急急素志，为病所苦，故心中常戚戚焉。是时，法、美诸师友与同道，以战时消息隔绝，今幸和平，故复纷纷通函相候，书籍、刊物不断寄来，千里良朋，各舒易世之感，使师无限兴奋，亟盼早日痊愈，尽力地理为愿。

卅六年秋九月，移居碧澄医院，病益急。廿二日晨时卒，临终遗言，亦以自己先离去为不幸。自云正当事业开始之时，即要离去，不胜自悲！时其六弟在侧，慰之曰："兄已多有文章载道，亦可无憾。"师云：余所欲写者，未及已所顾者之万一，盖己之事业正当其端倪矣，诚可惜也。后又说诸弟子皆好，并勖努力。卒前数日，受洗，皈依天主，故临终宁静异常。卒葬城东粤光坟场。遗子一名昭羽，女二，长秋霞，次秋纫。

遗稿之出版，有邹新垓先生刊出之《中国山脉概论》，乃对中国山脉有扼要说明。师以为中国中部为一大致东西走向之轴线横贯，即天山、昆仑、秦岭诸山脉是也。在其北为蒙古弧形山系。在西边新疆蒙古为NW—SE走向，在东边（东九省）为SW—NE，合成一大弧。东西山脉之南，分二弧：一为藏滇弧，以起马拉亚东行及南者而成；一为华南弧，乃自云南至台湾间之山岭属之，为一向西突出弧形系统。中国山脉遂得扼要简明系统，吾知国人说中国山系，未有如此精新者。

次篇，为《华南弧》。刊出时师已病深，未敢呈阅。该文指出华南一带山岭走向，非随震旦走向，而实为弧形构造支配。此弧形乃由西推力量造成，其中轴在26°—27°间。自第三纪以来，或直至现在，犹在进行。乃一创作性之文章，殊值国人注意。

第三篇为《珠江三角洲》，乃《广东中区地理》全文之首段，论述珠江三角洲之地理特征，及地理者。余亦署合著之名。该文对珠江三角洲有激烈辩论，盖若干人仕以标奇猎名，言珠江三角洲非三角洲者也，在本区域中可分成三区，即（一）为本部，（二）为附近平原，（三）为三角洲边丘陵区域，并指出珠江三角洲实由两个三角洲合成，即西北二江合成之三角洲，及东江三角洲是也。本三角洲乃填充一南北走向之海股而生长，并沿东、北、西三江伸入内陆。

第四篇为《粤北红色岩系地质及地形》，乃师数年对红色砂岩问题研究之总结，惜全文不克全成，余窃补之。本文对砂岩地形之特性及演进，有精确之论断，为地形学上之优良文献，由武昌亚新地学社出版之《地学集刊》五卷四期发表。

总先师之著述而分类，可列要如次：

（一）地质及地形：

1. 广州市白云山东麓地形之研究。自然科学，六卷二期，中山大学理学院出版。
2. 广东羚羊峡及羚羊旱峡地形之研究。自然科学，六期。
3. 广州漏斗湾至杭州漏斗湾大体地形之研究。地理集刊，创刊号，中山大学地理系版。
4. 论广西郁江之河道。地理集刊，创刊号，中出大学地理系版。
5. 中大台地研究。自然科学，七卷四期。
6. 与哥仑比亚大学约翰逊教授论式公尺平台书。地理学报，第四卷，中国地理学会版。
7. 广东西北江之形势。地理与旅行，地形专号，中山大学地理系版。
8. 广东罗定盆地之地形。地理与旅行，地形专号，中山大学地理系版。
9. 云南澄江盆地之地形。地理与旅行，地形专号，中山大学地理系版。
10. 巫峡。地质论评，中国地质学会。
11. 云南中部地形（与陈小澄）。地理集刊，第四期。
12. 广东西南部地形初步观察。地理学报，第五期。
13. 四川之河流。地理集刊，第六期。
14. 四川地形之商讨。地理集刊，第七期。
15. 南岳之地形（与罗来兴）。地理，一卷三期，中国地理研究所版。
16. 广东省之地形。广东年鉴，广东省秘书处版。
17. 丹霞与南雄层位之新见解（与曾昭璇）。地理专刊，第一号，中山大学地理系版。
18. 雷州半岛（与曾昭璇）。地理学报，第十一卷。
19. 粤北红色岩系（与曾昭璇）。岭南学报，英文论文专号，广州岭南大学版。

20. 东江地形初步观察（与曾昭璇）。岭南学报，英文论文专号，广州岭南大学版。
21. 南岭何在（与曾昭璇）。历史政治学报，创刊号，岭南大学历史政治系版。
22. 华南弧。岭南学报，七卷二期。
23. 中国山脉概论。地学集刊，五卷三期，亚新地学社。
24. 珠江三角洲（与曾昭璇）。岭南学报，八卷一期。
25. 法国里昂全山变硬黄土（Revue Geogr. Regional）。法国里昂大学。
26. 自然地理学名词审查意见书。地理集刊，第九期。

（二）水文：

1. 论整理广州东濠计划（与罗开富）。中山大学校报，廿四年八月廿九。
2. 再论整理广州市东濠计划（与罗开富）。中山大学校报，廿四年十一月八日。
3. 论广州市廿五年六月一日之水灾（与罗开富）。中山大学校报，廿五年六月四日。
4. 广州石牌中大校积水问题。中山大学校报，廿四年十一月四日。
5. 关于甘竹滩瀑炸之意见。中山大学校报，廿六年三月廿二日。
6. 广东浈武二河之水文（与何大章、罗来兴）。中大地理学丛书，No. 3。
7. 广东曲江潦患与预防（与何大章、罗来兴）。中大地理学丛书，No. 5。
8. 粤北之水力（与何大章、罗来兴）。中大地理学丛书，No. 7。

（三）气候：

1. 广东省之气候（与何大章）。亚新地学社地学丛书，第五号。

（四）区域地理：

1. 广州市郊登峰走廊地理述要。
2. 广东番禺新造市桥地理述要。中大校报，廿四年十一月廿七至廿九。
3. 广东四邑阳江地理述要。中大校报，廿五年十月十四日。
4. 云南晋宁附近地理考察记。地理与旅行，地形专号。
5. 云南玉溪地理考察记（与陈永汉、陈小澄）。地理集刊，第六期。
6. 广东乐昌盆地地理纲要。地理集刊，第七期。
7. 粤北国防根据地。地理集刊，十一期。
8. 粤北四邑与南路。地理集刊，十一期。
9. 县长与地理。韶关大光报。

10. 广东乐昌峡。地理集刊,第十二期。
11. 仁化县地理(英文稿,与曾昭璇)。岭南学报,英文地学论文专号。
12. 广东南路(英文稿,与曾昭璇)。岭南学报,七卷一期。

(五)读图:

1. 读图举例——广东防城龙门(与陈小澄)。地理集刊,第八期。
2. 读图举例——广东乳源梅花街(与何大章、陈小澄)。地理集刊第十期。

(六)地图:

1. 日本地形图(1:3500000)。武昌亚新地学社。
2. 广东省政治经济图(六幅)。省府统计处。
3. 广东省分县地图集(108幅)(1:200000)。省府统计处。
4. 粤北形势(1:500000)。中山大学地理系。
5. 中国山脉图(1:23000000)。亚新地学社。
6. 中国地形图(1:33000000)。亚新地学社。

(七)译作:

关于水文者:

1. 森林与河流(M. Parde原著)。自然科学,六卷四期。
2. 江河之流量(M. Parde原著)。自然科学,七卷三期。
3. 水界地理(Emm. de Martonne原著)。地理集刊各期。
4. 江河之水文(M. Parde原著)。商务印书馆,廿九年。

关于气候者:

1. 气候篇(马东男原著)。
2. 北美之气候(Baulig原著)。南风,岭南大学学生自治会。

关于地形者:

1. 地形篇(马东男原著)(与罗开富、罗来兴)。自然科学、地理集刊各期。

总而言之,无论译作与著作,皆侧重水文、地形与读图,而气候与区域之研究,亦为后期主要产品。故师可说是我国研究自然地理学开山之一大师。其门徒虽不众多,但如罗开富辈,故一时之俊彦也。

余与师之遇也,时在澄江,地理系移居一山寺中,红叶满山,疏林焚磬。余睹山道中有人行焉，衣灰色棉衣，绑腿，手持竹杖，状与荣军相类，惟带有晶眼镜，又不像矣。殆归粤北坪石，始知为师焉。盖师非在野外工作，归家则静读，甚少与外间接触，故不易获睹其尊容也。

师以终身学术为职志，可于一事见之。方胜利之初，吾人转教岭南，其时复员之际，物价飞涨，较战更甚，余欲改业。师告余云：吾知之法有二学者焉，其一生研究工作，皆彼两人共之，余望汝能为余助，毋生二志。余五口之家，尚不云苦，汝言非也。余由是慨然诺之，故每为文，多有署余名者。其安贫乐道之精神，于此可见。

师行事一似依法国地理学派之指导，终身以一定地区为研究范围，有恒不遗。

而对地理观念，亦以为一综合科学，故主张一体。余知有众生徒，以师为文以自然为主（地形水文），故以专门称之，殆未当也；观于后人对师区域地理论文之批评，即可知焉。

师个性极强，遇事每拂人意。然克苦耐劳之精神，至足钦佩。张作人先生于追悼会上，曾以食草挤牛奶为喻，殊为确论。盖张在坪石与师邻居，其居处之劣，饮食之弊，而野外之勤，故一一目睹者也。随其旅行诸子，每以为苦，盖师所择之地点，类多农村：食无盐，无菜，居无宿处，而爬山赶路则又倍之；其夫人亦常劝以勿太过劳，勿专注书本，而应有家庭生活，而师亦忽恤然。

其治学亦一本苦干精神，故态度严谨，不事浮夸。故为文多为自己观察所得，不轻信他人，故其文皆有卓见，而足资为研究我国地理之原始资料。

计自余随师工作多年，彼复员以后，正拟一舒所怀，即逢肝病，天丧斯文，其何不哀！无怪师于病中常急急于病愈，而对抱负未舒一粟，自悲无已也！

最后余将敬佩师之各点，试列如下，以请哀思：

1. 师以地理为终身事业，凡廿余年，以最克苦精神，在教授生活最苦时，坚守岗位，且从未兼职。

2. 师对南中国地形之贡献及水文、读图之提倡，备著勋劳，诚可当为我国研究自然地理学之一开山大师。

3. 师以地理教育为业，灌输地理知识于青年，领导实际工作，岭表以南一大家焉。

4. 师为严谨方法与实察家，无论对地理哲学、区域地理，均有正确认识，并以华南区域为实在研究对象，贡献良多。

功业垂青史　精神留人间[1]
—— 纪念曾昭璇教授诞辰100周年座谈会

黄少敏

曾昭璇教授是我国知名的地理学家和地理学教育家，也是南粤地学术界的一代宗师。曾获"中国地理科学成就奖"（2004年）、中国"第四纪功勋科学家奖"（2006年）等[2]。

他是一位博学多才的地理学家，不仅在地貌学、自然地理学、综合自然地理学方面，而且也在历史地理学、人类地理学、地理学史等多个方面都有高深的造诣，其中尤以地貌学为突出，包含岩石地貌学、流水地貌学、喀斯特地貌学、丹霞地貌学、海岸地貌学、珊瑚礁地貌学及历史地貌学等。研究成果丰硕，计有中文论文及专著503篇（本）、英文论著31篇、科普读物40篇、地图15幅。

本人自1961年开始，在曾教授的栽培和指导下从事教学和研究工作已达40余载，受益匪浅，我万分感激。同时他的治学精神及思想更令我敬佩和学习，归纳起来主要有下列几点。

一、善于发现，勇于开拓、创新

他认为做学问不要满足现状，不但能传承，更重要的是开拓和创新，只有这样学术才能得到发展。所以，数十年来，以他对地理的敏感，提出不少新概念、新观点和新理论。例如：

（1）他在1964年提出了"海岩砾岩"（即今称"海滩岩"）和"红沙层"（今称"老红沙"）。这二种沉积物主要出现在热带海岸上，对于研究古海岸环境及海面变化有着重要意义。

（2）他创建了"岩石地形（貌）学"和"历史地貌学"。他认为岩石对造貌有着深刻的影响，是地貌发育的物质基础，如果没有岩石，就不会有地貌；否则就是唯心论。过去的学者往往强调造貌的内、外力作用，而忽视岩石作用。所以他在1961年写了《地形学

---

[1] 原载《热带地貌》2022年第43卷第1期。
[2] 另获"广东南粤优秀地理教师特别奖"（1993年，广东中华民族文化促进会颁发）。

原理》一书，后来在1985年全国高校的"地貌学"教科书绪论上，一再论述地质构造与岩石在造貌过程中的重要作用。他所创立的"历史地貌学"是在长期研究历史地理学的基础上，应用全新世以来的历史资料去研究地貌学，详细和准确地说明近期地貌的发育过程，为地貌学的研究开辟了新的道路。

（3）他提出"流水地貌发育阶段论"。20世纪以来，世界上不少地理学者提出地貌发育理论，包括美国地理学家戴维斯（W. M. Davis）在1899年提出的"侵蚀循环论"和德国学者彭克（W. Pench）在1924年提出的"山坡发育论"。这些理论，多数带有片面性或推理、演绎性，与实际情况不符，因而均受不同程度的批判。有鉴于此，曾教授在多年研究流水地貌的基础上，在1961年提出了上述理论。他认为在一个广阔的、地壳相对稳定的地区，流水在不同空间（即"阶段"或地段）内，由于流水类型不同、侵蚀形式不同、侵蚀强度和快慢不同的情况下，所造成的地貌结果也是不相同的，但最终会统一成为一种大地貌。例如，在河谷底部主要是河流流水的作用，造成河流地貌。在河流的两坡，坡面上的流水是散流（即坡面流水）作用，形成坡面上鳞片状地貌和深浅凹地。在坡面上散流汇聚的凹地上，是暴流流水（即沟谷流水）作用，形成沟谷地貌。由此可见，在一个地区，三个阶段（地段）受着三种流水作用，它们既分工又合作地对地面侵蚀，使地面高度不断降低，最后连合在一起，成为夷平面（准平原）。他的分析是全面的、辩证的，与实际地貌完全吻合。

（4）在1957年提出新的海岸类型，命名为"多字型"海岸。这是广东两种地质构造（NE向和NW向）交叉作用下形成的海岸，它在珠江口东岸、大鹏湾岸及大亚湾岸最为典型，故又同时命名为"华南型"海岸。这类海岸在我国东南部、山东半岛、辽东半岛和朝鲜半岛都有分布。由于这类海岸与断裂有关，所以海岸线曲折，半岛与岛屿众多，不但海湾、半岛或岛屿走向作NW向的，也有NE向的及两者交叉的，而且湾宽水深，成为溺谷湾，十分有利于深、大海港的开发与利用。这种海湾如大鹏湾、大亚湾、珠江口、磨刀门、镇海湾、海陵湾等。

二、调研和实践是事业成功之本

这是曾教授长期作野外调研的心得之谈。曾教授最早跟随导师吴尚时（留法）跑广州近郊，抗日时期在湘南粤北之间考察南岭山地、仁化丹霞山、台湾山地等。新中国成立后考察十万大山、广西石灰岩地貌区、珠江三角洲、韩江三角洲。晚年还带病（哮喘）东到福建武夷山、浙江方岩、皖南黄山，西南到达云南金沙江畔，北到甘肃、新疆，南至海南岛和西沙群岛①等地。不但取得大量宝贵的原始资料,并写出许多研究成果。所以他也对青年一代寄予三大希望,其中之一就是多调查研究和实践。他认为调研实践有四大好处:一是取得新资料;二是通过实践发现问题,为开拓性的研究提供新线索;三是改正学术上的错漏;四是在实践中总结经验,为后来的发展奠定基础。

三、科研的目的,在于"学以致用"

曾教授认为科研的最终是应用于生产。例如:

(1) 研究热带北界问题,目的是为热带树种(如橡胶)或经济作物等北移等提供科学的理论依据。目前划分热带北界的指标有两种意见:一是气象部门的指标,主要是以气候为指标,如日平均气温≥10℃的年积温是8000～8500℃,订出的北界在广东的廉江—化州—高州—茂名—电白—海陵岛入南海,其纬度在北纬21°30′左右。地学者如曾昭璇(1980)、江爱良(1979)、任美锷(1961)、侯学煜(1980)等认为划界的指标除了积温6500～8000℃之外,还应考虑到当地具有热带性的天然植被(热带雨林)、树种、农业植被(热带水果、冬种红薯、橡胶),有赤红壤或砖红壤分布,有热带动物的分布(如有过大象、鳄鱼、孔雀等生长)。综合这些指标,我国热界北界可订在北回归线附近,西起云南潞州—文山—广西百色—南宁—梧州—广东广宁—清远—佛岗—从化—惠东—海丰—陆丰—潮州—福建晋江—惠安—泉州—台湾岛以北海区。后者的界限比前者向北高出两个纬度之多。

(2) 根据曾教授等对于珠江三角洲历史时期河道变迁的研究后,提出不少建设性意见。如:①对思贤滘滘区建闸的意见;②对磨刀门今后开辟新河道的导线方向、河宽,汊河开辟及拦门沙的整治意见;③对珠江(狭义)及广州溺谷湾的保护意见;等等。

(3) 他对广东水土流失的灾害地貌研究十分重视。在1987—1989年间,他曾经组合中加(加拿大)科研合作研究"广东花岗岩分布区水土流失与整治"课题,参加单位除了本学院教师(地貌的、土壤及植物地理的)外,还有广州地理研究所、德庆林业局、加拿大多伦多大学、麦马斯特大学及香港中文大学。又在德庆县深涌建立观测园地、室内实验室、测候站等。经过3年的努力,积累了详细的分析资料,为今后整治花岗岩地区的水土流失奠定了良好基础。

---

① 1981年7—8月,本学院到西沙群岛进行珊瑚礁地质地貌考察的人员有曾昭璇、黄少敏、邱世钧、李建生、龙志强、丁延璟、谭德隆、曾迪鸣。

四、应用辩证唯物主义、矛盾论等哲学理论进行学术研究

新中国成立初期,曾教授等学习哲学方面的理论知识,心得颇深。他一方面用它武装自我,将它融合在学术研究上,在论著中经常反映出来;另一方面,又以辩证唯物论观点对西方欧美的伪理论、唯心论及机械唯物论等进行批判,均取得良好效果。

五、艰苦奋斗,毕生敬业

曾教授青年时代,便向往地理学,在大学和研究生时代就勤学苦练,博览群书。在大学工作期间,除了教学,还为科研而仍然跑南闯北,笔耕不止,成果累累。他希望在有生之年尽量将成果和心得传给他的学生和社会。据统计,他退休后所写的中文论著占一生总量的80%,英文论著占64%,科普读物占100%,地图制作占66%。临终前还将写完的最后一本书稿《珠江三角洲地貌发育》,交给我修改和出版(已于2012年由暨南大学出版社出版)。真可谓"鞠躬尽瘁,死而后已"。他的奋斗、敬业精神使我们深受感动、敬佩,值得我们大力发扬。

痴心探究丹霞貌　终老红岩只等闲[①]
—— 黄进生平事迹简介

齐德利　吴志才　廖义善　李定强　许扬生　欧阳杰　闫罗彬　黄向青[②]

惊闻黄进先生本月8日凌晨逝世，学术界一片悲痛。伤心之余，我们即开始整理简要的生平事迹供大家缅怀。因为没有人走过他那样长的路、没有人经历他那样多的险、没有人懂得他那么多诗的真实内心、没有人完全了解他走在路上所看到风景的感动……我们很难全部做出详尽评述。所有个人或者单位机构对先生的评价也仅仅是部分或者片断的，对于黄老一生的总结和整理需要几代人或者更长的时间来沉淀。因为生前他太普通，也太朴素，所以今后他将变得伟大而又名垂千古。

黄进（1927.8.1—2016.9.8），男，曾用名李见贤，中共党员，中山大学地理科学与规划学院教授。1927年8月出生于广东省丰顺县北斗镇下溪村，1948年从广东省立仲元中学毕业后，考入中山大学地理系学习，1952年毕业后即留校任教至1989年离休。离休后仍继续研究中国丹霞地貌至生命中最后一刻。1984—1987年任中山大学地理系主任，曾任中国地理学会地貌专业委员会副主任、旅游地貌组组长，广东省地理学会理事及地貌专业委员会主任，广东省土地学会副理事长，丹霞地貌旅游开发研究会首任理事长及终身名誉理事长，上个世纪80年代初担任广东省1∶50万地貌图主编，中国1∶100万地貌图编委、学术秘书及粤、桂、湘片片长。1956年，年仅29岁即荣获"全国先进生产者"称号；2006年5月，获得首届"中国十大当代徐霞客"称号；2013年，荣获"第四届中国地理科学成就奖"等。

黄进是优秀的共产党员，是德高望重的老干部，是两袖清风的老领导，是兢兢业业的老劳模，是桃李满天下的老教授，是硕果累累的老专家，他也是一个情操高尚的普普通通的人。

[①] 原载中国地理学会红层与丹霞研究工作组主编：《无尽追思　深切缅怀——黄进教授逝世一周年纪念专辑》，2017年10月。
[②] 齐德利，中国科学院地理科学与资源研究所地貌室；吴志才，华南理工大学经济与贸易学院；廖义善、李定强，广东省生态环境与土壤研究所；许扬生，广东省水文局；欧阳杰，广东理工职业学院；闫罗彬，中山大学地理科学与规划学院；黄向青，中山大学黄进丹霞地貌科学基金会。

1. 研究领域

黄进教授长期从事地貌学和河流动力学的教学及科学研究工作，对地貌制图、地貌发育及测年、地貌分类、河床沙波运动及其推移率测验和推移量计算、喀斯特地貌以及丹霞地貌等方面进行了较深入而系统的研究。

2. 九十年勤耕不辍、七十载科研卓著

黄进教授1956年设计了立体绘图仪，受到苏联科学院地理所所长格拉西莫夫教授的赞誉，并将其论文推荐到苏联科学院院刊转载发表。在上个世纪60年代初，即研制出气压测高仪，后来又自行设计并制作了丹霞牌气压测高仪，由于其测高误差仅为0.1～0.5米，许多地方至今仍在使用该设备。改进了国际通用的沙波推移率计算公式，由他发明的沙波法测量和计算的广东省北江流域河流推移质数据至今仍为广东省水利部门计算北江河流泥沙量的科学依据，其研究成果指导了北江河流采沙限量的制定。

截至2016年3月2日，对我国已经发现的1061处丹霞地貌的1000余处做了实地考察（其中有近一半为黄进教授首次发现并鉴定）；对流水作用、崩塌作用、风化作用、喀斯特作用、风蚀作用、融冻作用及生物作用所形成的丹霞地貌都做了较为系统的研究，并创建了地壳上升速率、地貌年龄、岩壁后退速率和侵蚀速率四条定量测算地貌发育的公式，是全面系统研究中国丹霞地貌的第一人和带头人。已发表论文120多篇，出版了《丹霞山地貌考察记》《丹霞山地貌》《武夷山丹霞地貌》《崀山丹霞地貌》《广丰丹霞地貌》《石城丹霞地貌》《赤水丹霞地貌》等专著。

3. 创建研究平台、推动丹霞发展

黄进教授是我国杰出的地貌学家、丹霞地貌学科系统研究的奠基人，为丹霞地貌研究做了大量开创性的基础工作。1991年和北京大学陈传康教授共同发起并创立全国丹霞地貌旅游开发研究会，并担任第一、第二届理事长，主持编辑出版了三本论文集。随后指导研究会连续召开了15届学术研讨会，发表各类研究成果多达70多篇，大大推动了全国丹霞地貌规模化、系统化的调查、研究工作。

4. 查清丹霞家底、支撑申遗成功

黄进教授注重丹霞地貌的实地考察工作，为摸清全国丹霞地貌的空间分布及其特点做出了不可替代的贡献，为中国丹霞申报世界遗产成功做出了不可磨灭的贡献。尤其是在85岁高龄后还对青藏高原的丹霞地貌进行了四次、总历时达半年之久的考察，其中进行第四次考察时已是87岁高龄，在考察荒无人烟之地时，午餐只能矿泉水就冷馒头，其精神令人敬佩和鼓舞。目前，他的《西藏丹霞地貌考察记》已完成，即将付梓印刷。

5. 自身"丹霞痴"、兼育后来人

黄进教授把毕生精力献给了他所钟爱的丹霞事业。从1948年第一次结缘丹霞地貌开始，直到生命最后时刻，几十年如一日，亲历亲为，走过万水千山，探寻丹霞地貌，忘我钻研学问，被同行业界誉为"丹霞痴"。

黄进教授注重人才培养，他从事研究和教育近70年，桃李满天下，学生中多有建树。学生们说"地貌学学习和实习奠定了我们野外考察的基础和能力"。从1980年初以来，直接和间接指导了全国数十位丹霞地貌研究生的学位论文，为中国丹霞地貌研究事业培育新生力量。

6. 为国奉献不止、榜样他人前行

他平易近人、乐善好施，参与很多社会公益和科普教育活动，在各种场合通过"绣金匾"等经典曲目，提醒大家，珍惜当下的幸福生活、爱惜时间、努力专注于自己的工作，给国家和社会多做贡献。"丹霞地貌是我们中国人发现的，也是我们中国的学者命名的。我想好好地研究，把研究成果推广到全世界去。"黄进教授质朴的话语阐释了其为之奋斗一生的动力所在：为国争光！

7. 终老于丹霞、光彩留人间

"痴心探究丹霞貌、终老红岩只等闲"。这是他光荣而充实的人生写照。现在黄进教授虽然离开了我们，但从某种意义上说，他留下的宝贵学术财富与我们同在，他"终老丹霞"的科研精神将继续激励我们前行！

8. 地学失栋梁、众人缅怀长

黄进教授的逝世是我国地理学术界的重大损失，也是我国科学术界和教育界的巨大损失，对此我们表示沉痛悼念和深切的缅怀！

"丹霞万仞入胸怀，桃李千株亲手栽。南岭北江明月夜，吾师何事不重来！"

怀念黄进老师

保继刚

丹霞地貌、喀斯特地貌、流水地貌、海岸地貌等是我们在中山大学自然地理专业学习"地貌学"时掌握得特别好的部分；工作之后更是发现，不论是继续相关的教学研究还是外出旅游认识自然，这些地貌学知识也非常有用。我们之所以对这些知识掌握得好，得益于黄进老师认真负责和高水平的教学。

我是中山大学自然地理专业80级学生。上个世纪80年代，物理学是高考选择专业的热门，而地理学虽然与物理学一字之差，第一志愿报考者寥寥无几。大学一年级第一学期就学习"普通地质学"，与中学熟悉的数理化内容和学习方式相差甚远，大部分同学学习情绪不高，加之实习不多，考完试后真正掌握的东西不多。

第二学期的"地貌学"是自然地理专业的重要课程，经过第一学期的大学适应和专业调适，我们对这门课都抱有很高的期待。黄进老师头两周的课我们外省的同学很难完全听懂，必须看板书和对照着教材才能理解，原因在于他讲的客家口音浓重的普通话，如"斜坡"发音是"恰坡"。"恰坡"成了黄进老师的典型特征，我们毕业多年后同学聚会，一说到黄进老师，都会回忆起"恰坡"！

但很快，我们就被黄进老师的教学内容和教学方式深深吸引了。他结合教学放的大量幻灯片对地形地貌的直观描述对我们理解真实的自然世界帮助很大。1981年，国内高校还极少有用彩色反转片进行教学的老师。黄进老师自费拍摄制作这些幻灯片，不仅提高了我们对地貌学的学习兴趣和对相关知识的领悟、掌握，还成了后来我们学习摄影的启蒙。

对野外实习的重视，是黄进老师地貌学教学的最大特色。一个学期的"地貌学"课程，安排了三次近一个月的实习。第一次实习在广州附近，实习内容是流水地貌；第二次实习在肇庆一周，我们自带行李，住在星湖中的水上运动学校，实习内容主要是喀斯特地貌和山地地貌；第三次实习是暑假到乐昌坪石镇近二周，也是自带行军床和行李，借小学的教室住，实习内容比较多，有流水地貌、丹霞地貌和喀斯特地貌。三次实习下来，我们对这几种地貌类型的理解和掌握也内化于心，终生难忘。反观现在大学的"地貌学"实习，大都只安排3天时间，所得有限，难于在日后的工作中融会贯通应用。

黄进老师对实习的准备工作之细致，恐已后无来者。为了在火车上给我们讲沿途的地貌，他沿着京广铁路，花了一周时间从广州步行到坪石进行备课！他要求，火车上不许睡觉、不许打扑克，要集中精神听讲和对窗外进行观察。生活上，他对我们要求也很严，男生不允许留长发。

黄进老师1989年离休之后，将全部精力投入丹霞地貌研究中。截至2016年8月1日，全国已发现并登记的1101处丹霞地貌中，他本人到过1005处，并对其中的927处做了实地科学考察。

2002年，中山大学地理科学与规划学院成立，学校任命我为新成立的学院院长。我找到黄进老师说："我是您的学生，也是学院的院长，全国丹霞地貌您已经考察了600多处，您能否少跑一点野外，将《中国丹霞地貌》专著尽早写出来？也可以先出版一本丹霞地貌图片集，学院派人去协助您扫描照片，还可以建一个丹霞地貌图片数据库，知识产权是您的，学院负责维护。出版丹霞地貌图片集和建数据库的经费学院想办法去筹集。"黄进老师说："不麻烦学院派人了，我子女可以帮忙，学院买一台扫描仪就行。"学院买了扫描仪送到黄进老师家。我去仁化县开会时见到时任县长，商请仁化县资助出版丹霞地貌图片集，得到积极回应。但黄进老师想要穷尽中国丹霞地貌实地考察后再出成果，他在85岁高龄后还对青藏高原的丹霞地貌进行了四次、总历时达半年之久的考察，其中进行第四次考察时已是87岁。可惜的是，这些成果还没来得及完全整理出版，黄进老师就离我们而去，这是中国丹霞地貌研究的巨大损失，是中山大学地理学研究的巨大损失。令人欣慰的是，他的家人一直在整理这些学术"遗产"，并捐赠给中大档案馆和图书馆，供后来者使用。

中山大学丹霞地貌的研究历经几代人的努力，达到了世界一流水平，黄进老师是其中非常重要的一环。黄进老师之后，彭华教授在丹霞地貌研究的国际化、世界自然遗产的申报、丹霞地貌的旅游开发、全国丹霞地貌基础数据调查等方面做出了重大贡献。十分可惜的是彭华教授英年早逝，未能全面完成全国丹霞地貌基础数据库的建立，是中国丹霞地貌研究的重大损失。真心希望中山大学丹霞地貌研究后继有人，发扬光大！

中山大学档案馆编辑出版《中山大学与百年丹霞研究历程图文集》，系统归纳总结百年来中山大学冯景兰、陈国达、吴尚时、曾昭璇、黄进、彭华等各位先生对丹霞地貌研究的贡献，以纪念先辈和鼓励后学。阅读该书稿，黄进老师的音容笑貌历历在目，记下几件小事，作为学生对老师的怀念。

2024年7月16日于新疆考察途中

赤壁丛中忆彭师　丹山水长思华年
—— 缅怀杰出地貌学家彭华教授

张　珂

大千世界，天高云淡，水绿山青，有大江、大海、大漠，有岩溶、黄土、冰川、冻土。大千世界之中，红崖赤壁的丹霞地貌独具魅力，古往今来，不仅文人墨客流连忘返、不吝赞美，地学专家更前赴后继、上下求索。中山大学的冯景兰、陈国达、吴尚时、曾昭璇、黄进、彭华等就是丹霞地貌研究的先驱者，从定义、研究到传播、普及，他们为丹霞研究筑起了一座座丰碑。其中，彭华教授尤其为丹霞地貌"走出国门"建立了不朽功勋。

彭华是一位既能统揽全局而又能亲力践行的学者。1992年，彭华就曾上书仁化县政府，提出丹霞山具有世界名山的潜质，必须放眼世界，定位于"世界名山"，申报世界遗产。一年之后，彭华又向第一届全国旅游地貌学术讨论会提交了两个关于推动丹霞山和丹霞地貌走向世界的建议书，建议通过申报世界遗产和召开国际性会议进行品牌培育。在彭华以及众多学者的共同努力下，丹霞山于2001年成功申报为第二批国家地质公园。2003年启动世界地质公园申报工作，于2004年被联合国教科文组织世界地质公园评审委员会批准为首批世界地质公园。此后，广东丹霞山联合国内的贵州赤水、湖南崀山、福建泰宁、江西龙虎山以及浙江江郎山等6家单位，开始了"申遗"历程。

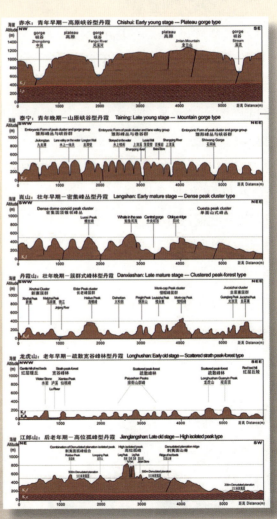

彭华绘制的六省联合申遗图表（部分）

为配合申遗,在彭华推动下,2009年5月,于广东韶关举办了首届丹霞地貌国际学术研讨会,来自14个国家的154名专家参加了会议,大会通过《丹霞宣言》,肯定了中国丹霞的遗产价值,在中国丹霞申遗历程中发挥了举足轻重的作用;同年7月,也是在彭华的推动下,在澳大利亚墨尔本召开的第七届国际地貌学大会讨论批准,国际地貌学家协会之下成立丹霞地貌工作组。由于各项工作准备充分,终于在2010年成功地把"中国丹霞"列入《世界遗产名录》,成为中国第8处和广东首个世界自然遗产。

嗣后,国际地貌学家协会丹霞地貌工作组于2011年在丹霞山举行第一次工作会议,并提出了近期工作计划。申遗成功和国际地貌学家协会丹霞地貌工作组成立等标志着中国命名的地貌类型——丹霞地貌作为专业术语,正式进入国际学术界的视野,实现了几代科学家的梦想。

在首届丹霞地貌国际学术研讨会上,全体代表共同发表《丹霞宣言》

国际地貌学家协会丹霞地貌工作组成员在丹霞山的合影(2011年10月)

从左到右:任舫(秘书),朱诚(南京大学),Mauro Soldati(意大利),Takashi Oguchi(日本),Chris Wood(联合国教科文组织成员),彭华(组长,中山大学),Michael Crozier(新西兰,国际地貌学家协会主席),Piotr Migoń(波兰,国际地貌学家协会副主席),张珂(中山大学)

从设想到梦想成真，经历了近20年的艰辛努力。为了实现宏伟目标，彭华信念坚定，百折不挠，不怕困难，知难而进。彭华对事业热情似火，就像永不停息的"永动机"，忘我工作，呕心沥血，日夜操劳，事无巨细，亲力亲为。他从小爱好绘画，风景素描出神入化，还出版过专著《地理绘画》；第一、第二和第三届丹霞地貌旅游开发学术讨论会论文集中不同作者的丹霞地貌论文插图，几乎全由彭华所绘。

彭华手绘的《泰山自然地理野外综合实习参考资料》

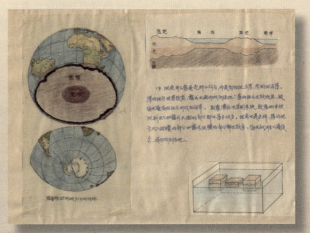

彭华手绘图

彭华虽然科研任务繁重，但对待教学工作同样认真，一丝不苟。他每学期都坚持为本科生上课，主讲自然地理、人文地理和基本技能类的9门课程，还编写了80多万字的讲义。由于他对中国丹霞的杰出贡献，他被授予丹霞申遗"一等功臣"，他的研究也先后获评多项省部级大奖。

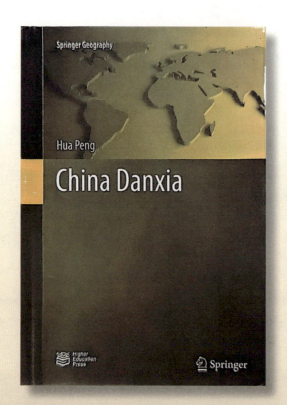 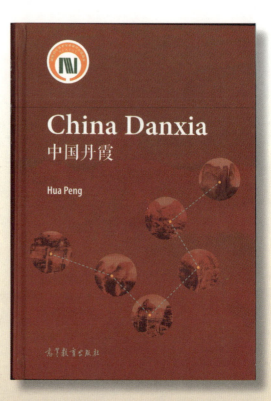

2020年，高等教育出版社出版了彭华的著作——英文版《中国丹霞》，分为国内发行和海外发行两个版本，在系统介绍丹霞地貌最新科学体系和研究进展的基础上，阐述了中国丹霞的地质构造基础、地貌特征和演化、生物与生态、美学价值和地球科学价值，并简要介绍了6个世界自然遗产地的风采，本书的出版标志着彭华着力推动的丹霞研究国际化取得阶段性成果

  我是在广东丹霞山申报国家地质公园的时候，机缘巧合，涉足丹霞地貌研究的，在申报国家公园成功之后，申报第一批世界地质公园之时，我更有幸跟随彭华老师工作。遵彭老师之嘱，我主要负责地质特征提炼和国外文献收集。每每把检索到的资料发送给彭老师，他返回的都是图文并茂的图表以及提纲挈领的摘要，其学术水平可见一斑。在丹霞山申报世界地质公园成功之后，彭老师又开始推动中国丹霞申遗。该项工作不仅需要高瞻远瞩，提炼丹霞地貌独特之处，还需要高超的组织协调能力和执行力。彭老师表现得尤为突出，很多看起来无法解决的问题或不可逾越的障碍，都在他面前一一化解，让我深深为之折服。在"申遗"期间，我同样负责与国外对比部分。由于当时丹霞地貌在国际上尚鲜为人知，外文文献检索难度较大，通常用"红层"（red beds）作为"入口"，逐条追踪，不断拓展，终于挖掘出世界各大洲不同地质历史时期红层地貌素材。我把这些"原始资料"发给彭老师之后，与此前申报世界地质公园那样，他返回的都是精美有序的图文表格。遇

到工作繁忙，有时午夜过后，我才把资料发送给彭老师；但第二天（有时是凌晨），就会收到彭老师的回复，为此我感到甚为惊讶！我觉得自己已经够拼的了，没想到彭老师还更加忘我。

自丹霞山申报世界地质公园开始的 10 多年来，我与彭老师互动甚多，亦师亦友，建立了深厚的友谊。彭老师的执着精神、对事业的追求，都深深地感染着我，不断鼓舞着我克服困难，勇于前行。彭老师经常对我说，全身心投入丹霞地貌研究吧！丹霞地貌研究多好，未解决的科学问题多，而且已经迈向世界了，世界各地对比研究，可以提升研究维度。身在一隅，心系世界，他不愧为具有全球视野的大学者！

2018 年 1 月初，惊闻彭老师突然离世，真的难以置信！头几天，还在校园里见到彭老师，交谈甚欢，怎料想他就这样不辞而别？

后来从彭老师夫人丰老师那里才知道，彭老师通宵达旦工作是家常便饭，一觉醒来，彭老师依旧坐在灯下，或奋笔，或思索，甚至到东方破晓，只有思绪伴随着香烟袅袅，翱翔于世界……

我想，世上总有这样一些人，在一个又一个不眠夜中，像烛光一样，

彭华整理的图表（部分）

2011 年 10 月，国际地貌学家协会丹霞地貌工作组第一次会议期间，彭华（左）与张珂（右）在丹霞山的合影

燃烧自己，照亮别人；为了更美的明天，总是永不停息地工作，为崇高理想，奋不顾身。彭华教授就是这样的人！他所做的，就是让那山更红、水更绿、天更蓝！使丹霞地貌之美，深入千家万户，传遍五湖四海。

此后，中山大学地质学专业大三实习加入了广东丹霞山的考察路线。每次在绿树红崖之中，仿佛总能看到彭老师的身影。只见那色若渥丹、灿如明霞的红岩，历历在目，发出耀眼的红光。我想，那不就是彭老师吗？他的血和肉都铸入丹霞赤壁之中，使这石那样鲜艳，使那岩屹立千年万年！

2023 年 12 月 22 日于中山大学康乐园

以综合思维引领丹霞地貌与旅游地理研究创新[1]
——彭华先生的地理学思想与学术贡献

翁时秀 闫罗彬 王 华[2]

一、引 言

彭华先生（1956.1.2—2018.1.8），安徽砀山人，1982年毕业于安徽师范大学地理系，同年分配到宿州师范专科学校任教。1992年到广东省仁化县任丹霞山风景名胜区管委会主任助理和总工程师，主持了丹霞山阳元石景区、翔龙湖景区开发和新山门设计。1995年调入中山大学地理系任教，历任副教授、教授、博导，享受国务院"政府特殊津贴"。生前主要学术兼职有：国际地貌学家协会红层与丹霞地貌工作组主席，中国地理学会红层与丹霞研究工作组（分会）主任，中国丹霞世界自然遗产专家委员会主任，中国地质学会旅游地学与地质公园分会理事，中国地理学会旅游地理专业委员会委员，全国丹霞地貌旅游开发研究会第三、第四、第五届理事长。2003—2004年，彭华先生成功主持丹霞山申报世界地质公园，此后主持的《丹霞山丹霞地貌风景资源可持续利用研究》系列成果获2006年教育部科技进步奖二等奖、2007年广东省科技进步奖二等奖。2006—2010年，成功主持南方六省"中国丹霞"联合申报世界遗产，获记广东省人民政府一等功，江西、浙江、福建等省人民政府特别贡献奖，南方六省联合申遗领导小组杰出贡献奖。

彭华先生长期从事红层与丹霞地貌研究和旅游地理学研究，为中国丹霞事业和旅游发展做出了突出贡献。彭华先生的逝世是中国乃至国际地貌学术界以及旅游地理学术界的重大损失，对他最有意义的悼念和缅怀，莫过于总结他的学术成就，弘扬他的学术精神，推动红层与丹霞地貌研究和旅游地理学研究的进一步发展。

---

[1] 原载《地理研究》2018年第37卷第12期。
[2] 翁时秀，中山大学地理科学与规划学院；闫罗彬，西南大学地理科学学院；王华，暨南大学管理学院。

二、红层与丹霞地貌研究

(一) 红层研究

1. 红层特征与分布

彭华先生认为红层是各个地质历史时期沉积的红色岩系的总称,其岩性较为复杂,涵盖了从砾岩到泥岩各个粒级的岩石,并可能夹有淡水灰岩、石膏及岩盐层等;从物质组成上看,粗碎屑的砾石成分与物源区岩石组合一致,砂质成分主要是石英和长石,胶结物有泥质、钙质、硅质和铁质。[1] 彭华先生将中国红层分布划分为东部、中部、西北部和青藏高原四个区域:东部地区以白垩纪和古近纪红层为主,多分布于北东向的中小型红层盆地;中部地区主要分布于四川盆地和陕甘宁盆地等大型构造盆地中,以白垩纪和侏罗纪红层为主;西北部主要分布在塔里木盆地和准格尔盆地周边,白垩纪至新近纪红层均有分布;青藏高原以白垩纪红层为主,还广布古近纪和新近纪陆相沉积地层。[1]

2. 红层问题研究

中国红层出露面积广大,但对红层区这个脆弱地理单元的土地退化及生态环境问题的关注却十分缺乏。彭华先生致力于推动丹霞地貌的研究向红层领域扩展,开展了红层区地质构造—岩石特性—地貌发育—自然灾害—水土流失—生态退化—综合景观—社会经济发展之间相互关系的综合地理学研究实践,将原来的红层地表研究拓展为"地下+地表+地上"(红层的地质问题+地貌与土地问题+生态问题)的一体化研究。首次提出"红层问题"和"红层荒漠化"的新概念[1, 2],重点阐述了红层软岩区荒漠化的地貌特征、生态特征和土壤特征[2],丹霞地貌区的崩塌灾害[3]和植被分异[4],红层荒漠区的植被覆盖变化驱动力[5],同时,对"红层荒漠"的旅游开发价值也进行了分析[6],通过多学科的融合扩大了研究问题与国计民生的接触面。彭华先生通过研究发现,在人类反复干扰和其他自然因素作用下地表植被持续退化,群落生境趋于干旱,表土流失,基岩风化加剧,以致形成类似"荒漠"景观的现象,可以被认为是一种发生在湿润区的特殊荒漠化,红层区的退化过程可类比于红壤山地丘陵化和喀斯特石漠化。[7]

(二) 丹霞地貌研究

1. 丹霞地貌定义及其学科归属

在丹霞地貌的学科建设上,彭华先生进行了大量基础性和开创性的研究。在冯景兰、陈国达、黄进等的研究基础上,彭华先生将丹霞地貌定义为"以陡崖坡为特征的红层地貌"[8]。该定义表达了丹霞的两个本质属性：一是物质组成为红层，二是形态特征为陡崖坡，成为目前最广为学者接受的定义。关于丹霞地貌的学科归属，国内外学术界讨论颇多，但一直未有定论。彭华先生认为丹霞属于岩石地貌中的红层地貌，是以陡崖坡为特征的红层地貌，并据此构建了丹霞地貌的学科归属关系图，明确将丹霞地貌归属于红层地貌，指出按照岩性划分的"砂岩丹霞"才相当于国际上的砂岩地貌中的"红色砂岩地貌"。[9]因此，不应将丹霞地貌归为砂岩地貌类。

2. 丹霞地貌分类系统与坡面特征

在已有研究的基础上，彭华先生于2000年对丹霞地貌分类系统进行了整合与优化，将形成丹霞地貌的物质基础、地层产状、主导动力地貌形态和发育阶段作为一级分类依据，再根据次级依据划分次级类型，形成了44个基本类型，并就其分类依据提出了相应的定量指标。[10] 相对于丹霞地貌基本坡面特征"顶平、身陡、麓缓"，彭华先生认为现实中丹霞地貌的坡面形态则复杂得多：由于岩层产状不同，丹霞地貌顶面形态表现为斜顶、圆顶、尖顶等多种类型；根据直接作用于陡崖坡的动力类型差异，可以分为崩塌后壁型、流水侵蚀型、风化改造型、多动力综合型等。由于红层岩性在垂直于地层方向上的高度异质性和外力作用的差异，丹霞陡崖坡常分布有各种洞穴、凹槽、竖向沟槽；此外，在间歇性构造隆升的影响下，陡崖坡还表现出多层次的坡面组合，更体现了丹霞坡面形态的复杂性。[11, 12] 彭华先生的丹霞地貌分类系统为后来的省域和全国尺度的丹霞地貌资源调查提供了基础。

3. 丹霞地貌的发育机理

丹霞地貌是在中国提出并发展起来的一个岩石地貌类型。彭华先生认为该类地貌的基础研究仍是中国地貌学领域的薄弱环节，尤其是其发育机制的核心问题，如不同岩性的红层在外动力作用下的地貌过程和地貌表现，以往的研究多停留在概念性描述阶段。彭华先生通过对代表性红层样本的岩石学、矿物学、地球化学、岩石力学以及水动力学的测定与比较，通过多学科的介入探索了不同岩性和不同含水状况的红层特别是软性夹层的破坏机理、破坏速度和抗侵蚀能力，揭示其在风化、水动力和重力等外动力作用下的变化机理与地貌表现。[13]

4. 丹霞地貌的演化过程

作为陆相沉积岩，红层在垂直方向上岩性变化巨大，下部软岩层的快速风化凹进导致上部岩体凌空，在自重应力作用下发生崩塌形成新崖壁的过程就是丹霞地貌的发育演化过程。彭华先生首先关注到了软岩夹层对于丹霞地貌发育过程的重要影响。由于红层软岩的物质组成与结构特征，导致软岩夹层更快风化凹进，形成顺层洞穴。[13] 通过引入岩土工程的实验手段，发现红层软岩物质组成成分对红层软岩力学性质的影响要大于结构特征[14]；此外，将工程地质中的有限元法引入丹霞地貌的研究，通过力学模拟首次对软岩夹层风化凹进对崩塌的影响进行了定量研究[14]。彭华先生参考 Strahler 的"面积—高度比曲线法"，将"中国丹霞"6个世界自然遗产提名地按照其侵蚀量组成一个演化系列，划分为青年早期、青年晚期、壮年早期、壮年晚期、老年早期和老年晚期6个阶段，描述了各阶段丹霞地貌特征并提出了相应的定量指标依据，进一步完善了丹霞地貌演化模式。[9]

5. 丹霞地貌区生态研究

在丹霞地貌生态研究方面，彭华先生做出了开创性工作。彭华先生注意到丹霞地貌区小尺度的自然生态分异并不符合一般意义上的山地自然带分异规律，丹霞地貌区的山顶效应实质为"干岛"效应，其沟谷效应实质上则是一种"热岛＋湿岛"效应；孤立山顶的边缘形成生态结构"突变带"，使得山顶形成孤立的"环状生态圈层"，因地貌差异形成的小生境差异是丹霞地貌区小尺度生态分异的根本原因，独特的地貌特征决定了丹霞地貌区的植被分异图谱。[4]

6. 全国丹霞地貌基础数据调查

"中国丹霞"申遗成功后，彭华先生提出当前中国仍然存在着丹霞地貌本底信息缺少系统、全面的调查的问题。在20世纪90年代之前，丹霞地貌的研究处于个别的、零散的、具体问题研究阶段；20世纪90年代以来，黄进先生对中国28个省、市、自治区的近1000处丹霞地貌进行了考察，先后有一些当地学者参与。但黄进先生的个人行为受到各种条件的制约，大部分属于一般了解和确认，尚没有进行规范的系统数据收集和整理；其他研究人员的考察也大部分属于旅游规划考察和景观评价。鉴于此，彭华先生开始主持国家科技计划重点项目，首次在国家层面开展全国丹霞地貌基础数据调查和数据管理平台建设的工作。该项目将对丹霞地貌基础研究的规范化和丹霞地貌的国际推广形成新的推动，并服务于丹霞地貌旅游区的科教旅游。

（三）丹霞地貌国际化

1998年，在第五届全国丹霞地貌会议上，彭华先生提出了加强丹霞地貌学科建设和10年内推动丹霞地貌走向世界的目标。2000年，在国际地貌学家协会南京专题会议上，彭华先生出版并提交了中英文对照版的《中国丹霞地貌及其研究进展》[15]，让国际同行对丹霞地貌有了初步了解并开始了一定范围的国际交流。2004年2月，丹霞山以"丹霞地貌类"成功申报世界地质公园，"Danxia Landform"成为被国际地科联和联合国教科文组织接受的概念。2009年，彭华先生在广东丹霞山组织召开第一届丹霞地貌国际学术讨论会，作为独立类型的丹霞地貌真正引起了国际学术界的关注，在中国丹霞地貌研究80年后，丹霞研究开启了国际化的序幕；同年，在澳大利亚墨尔本召开的第七届国际地貌学大会上，在彭华先生的积极争取下，国际地貌学家协会批准设立"丹霞地貌工作组"（Danxia Geomorphology Working Group），标志着丹霞地貌研究走上国际学术舞台。

2010年8月，在第34届世界遗产大会上，由彭华先生任专家组组长的"中国丹霞"系列提名地被正式列入世界自然遗产名录。这不仅是一个前所未有的大系列项目的成功申报，而且实现了一个新的地貌类型的申遗。对此，彭华先生称，他更看重的是学术效益，申遗成功意味着这一概念得到国际同行的认可，这是丹霞地貌走出国门的一个绝佳途径。鉴于上述一系列重大推进，2011年7月，中国地理学会第十届四次常务理事会批准设立"中国地理学会红层与丹霞研究工作组"，标志着一直以来的民间学术组织被国家一级学会认可。2011年10月，在国际地科联和国际地貌学家协会的支持下，彭华先生又在丹霞山组织召开了IAG丹霞地貌工作组第一次会议暨第二届丹霞地貌国际学术讨论会。会议通过了IAG丹霞地貌工作组工作计划，发表了《会议宣言》和《丹霞地貌全球研究倡议书》，提出了以中国的研究为基础，启动全球丹霞地貌研究，并逐步完善丹霞地貌理论体系的工作重点。

在彭华先生带动下，丹霞地貌研究走上了世界学术舞台，开辟了一个国际化研究的新时代。

三、旅游地理研究

（一）大旅游思想

对基础概念进行宏观的、哲学层面的讨论对于学科发展具有重要意义。20世纪90年代，国内地理学术界和旅游学术界关于"旅游本质"的讨论多强调愉悦身心的审美体验是旅游的本质。对此，彭华先生认为，旅游者的动机是多样的，审美体验不能涵盖旅游活动的全部，也不能作为旅游活动的本质抽象，人们所有的"暂时性异地消费活动"都可称为旅游活动。彭华先生称这种旅游观为"大旅游思想"。彭华先生指出，只有以"大旅游思想"指导旅游发展，对旅游资源的认识才会随之拓宽，目的地的旅游开发才不会局限于游览观光、度假娱乐层次，管理者才能更好地理解旅游产业系统的广泛性。基于大旅游思想，彭华先生进一步提出了"旅游无限化"理念。该理念包含资源无限、项目无限、空间无限、旅游者无限、旅游产业无限、旅游大环境、大旅游形象和"跳出山界外"理念等方面。彭华先生指出，环境、文化、形象、建设项目、机制都是资源，广泛的对外联系能够形成持续的旅游吸引。旅游发展不能受制于地方主义，要实现大区域的"资源共享"与"市场共享"。[16-18]

彭华先生的"大旅游思想"极大拓展了中国旅游研究者的学术视野和规划理念。近年来，国家层面提出的"全域旅游"发展理念与彭华先生20多年来一直倡导的大旅游思想和旅游无限化理念有非常大的相似之处。

（二）旅游系统及动力机制研究

针对20世纪90年代中国旅游开发热潮中普遍存在的"就资源论开发，就旅游讲发展"的传统观念，彭华先生基于"大旅游思想"提出了旅游系统及其动力机制理论。认为旅游发展不仅仅是旅游资源开发、旅游项目建设和服务设施配套等具体问题，而是整个经济社会发展的一个重要部分。他提出旅游产业是一个开放性、复合型的复杂巨系统，由直接系统、介入系统和支持系统三大子系统构成，从而将旅游业的概念扩大到与旅游相关联的所有产业部门。[17-19]在此基础上，彭华先生进一步提出了由需求系统、引力系统、中介系统、支持系统等四个子系统构成的旅游发展动力系统及其结构模型——由旅游消费牵动和旅游产品吸引所构成的、由中介系统和发展条件所联系的互动型动力系统；根据不同区域旅游发展的主导因素，提出了资源吸引型、经济吸引型、需求推动型和综合驱动型等四类区域的旅游发展动力模型。[19]

（三）旅游地发展阶段论

彭华先生2006年在《河南省旅游发展总体规划》中，提出了旅游地发展阶段论，从产品、服务、效益和发展环境等方面描述了不同阶段的发展特征，用以判断旅游地发展水平并为其跨越式发展提供依据。① 在该理论中，彭华先生指出，旅游地发展的"终极模型"不仅仅追求单纯旅游产品体系的建设，更追求社会要素旅游化，追求社区、城镇和区域的

---

① 彭华 等：《河南省旅游发展总体规划（2006—2025）》，2006年。

旅游主题化；不仅仅追求旅游服务质量的提升，还要重视全民服务意识的提升；不只是追求旅游的经济效益，而是追求区域的社会、经济和环境综合效益最大化；不只是强调旅游小环境的优化，而是强调区域整体的大环境优化。① 这对于当前中国实施的全域旅游发展战略，彭华先生的旅游地发展"终极模型"可以看作"全域旅游"的成熟模型，可用于指导全域旅游发展。

（四）城市旅游研究

彭华先生在1996年主持广东省汕头市旅游规划时注意到城市旅游的综合性、普遍性与整体性特征，后又结合当时国家推动的优秀旅游城市创建工作，首次提出了旅游开发与城市建设一体化和城市旅游发展整体动力培育的思想。1999—2000年期间，彭华先生发表了关于城市旅游发展的系列论文，详细阐述并实证研究了这些思想理念。彭华先生认为推动旅游开发与城市建设一体化，就是明确旅游在城市发展中的基本功能和积极作用，在城市的硬件建设和软件配套中充分考虑旅游发展的要求，把旅游开发融于城市建设之中；他指出城市是一个开放型的物质、能量、信息、人口频繁流动的巨系统，城市旅游发展动力培育不是简单的旅游项目建设，而是城市整体发展活力的培育；城市旅游的吸引要素分为物质性吸引和非物质性吸引，可依据不同城市各要素吸引地位的差异将城市旅游发展类型划分为资源驱动型、经济驱动型和综合都市型，并总结了经济驱动型城市旅游的发展模式。[20-24]

（五）旅游市场分类研究

旅游市场调研和需求分析是旅游规划研究中的一项重要基础研究工作。彭华先生在汕头市（1996年）、佛山市（1998年）等旅游规划研究中提出并使用了"市场分类研究法"和"产品—需求对应分析法"：通过对区域不同的旅游吸引物，如城市和景区景点等，所对应的旅游市场进行分类调研和分类处理，分析城市过夜旅游者市场与景点旅游者市场的需求差异，揭示区域旅游发展的主导旅游吸引和旅游需求趋势，据此确定区域旅游发展的主动力和旅游发展模式，制定相应的旅游产品和市场战略。[25]

---

① 彭华 等：《全域旅游时代：热问题，冷思考——兼论桂林旅游发展模式与思路》（未刊稿）。

（六）旅游文化开发研究

关于文化及其开发利用，学术界历来颇多讨论。彭华先生在这一领域的贡献在于，抓住文化审美的层次区分，以提升审美客体的文化开发层次和审美主体的文化体验为目标，提出旅游文化开发策略。彭华先生将旅游中的审美层次分为初级审美认知（审美直觉、物境认知）、中级审美认知（审美关联、情境认知）和高级审美认知（审美升华、意境认知），指出旅游者的旅游行为和审美意向是可以引导的，旅游文化开发的每一项设计和建设，都应具备标识、引导和启发功能。文化潜在价值的发掘是文化开发的重点，必须以大旅游思想为指导，以提升文化意义、促进广域的流动性为目标。这些理念体现在彭华先生的河南省旅游发展总体规划、丹霞山翔龙湖旅游区开发[26]等实践项目中。

（七）旅游规划与策划研究

彭华先生是中国旅游规划领域的开拓者之一，是一位坚持务实与创新相结合的务实型、开拓型、复合型的旅游规划设计专家。彭华先生自1987年开始，多次参与陈传康先生主持的旅游开发项目。[27, 28] 自1992年始，独立主持完成了4个省级、9个市级、12个县级、2个国家级风景名胜区、3个国家地质公园、30多个旅游区规划设计，合作主持了1个省级和 2个市级的旅游规划，其中，《丹霞山风景名胜区总体规划（2011—2025）》获2013年度广东省城乡规划设计优秀项目一等奖。彭华先生擅长于在规划实践中进行理论思考。例如，在1996年主持汕头市旅游发展规划时，产生旅游无限化理念的基本思想并在1997年应约编制广东省旅游发展战略研究大纲时，结合自己的研究与实践，形成理念雏形；同时，形成了旅游开发与城市建设一体化的思想、旅游发展的动力模型和城市旅游市场分类研究思想。在2004年主持河南省旅游发展总体规划时，提出了完全不同于巴特勒旅游地生命周期理论的旅游地发展阶段论。在2005年主持江阴徐霞客旅游区综合开发策划与总体规划时，提出主题旅游协作网络的理念。[29] 这些思想和理论为中国旅游开发和规划的体系与方法的完善做出了重要贡献。

（八）立体旅游地图研究

在20世纪八九十年代中国计算机制图技术还未普及之时，地理学者和旅游学者在学术研究和规划设计中主要依靠手绘制图。彭华先生曾先后发表《地理绘画》（1988年）、《立体旅游地图及编绘方法初探》（1991年）和《旅游地图》（1993年）等论著，系统阐述了旅游地图的概念、特征、要素及其编绘方法。[30-32] 陈传康先生曾以"北谢南彭"（谢指北京大学谢凝高教授)评价其在地理绘画方面的成就。彭华先生认为立体旅游地图是一种采用三维写景的形式表现旅游要素的地图,是介于地图与美术之间的新型旅游图,兼具直观性、整体性、艺术性的优点,对导游、宣传以及旅游开发规划和管理等都具有较高的价值。[30-32] 彭华先生曾先后为庐山、黄山、丹霞山和齐云山等名山手绘景观图,其中为丹霞山手绘的两幅全景图为丹霞山成功申报国家重点风景名胜区、世界地质公园和世界自然遗产发挥了重要的作用。

四、结论与讨论

纵观彭华先生所做的研究工作,可以认为,彭华先生的学术研究典型体现了地理学的综合性思维和系统性思维。

彭华先生是中国当代地理学家中为数不多的同时开展自然地理学与人文地理学研究的学者。在他看来,地理系统中的自然要素与人文要素同等重要且相互影响,任何单一要素的研究都不能脱离对地理系统的全局把握。尤其是在解决现实问题时,必须要有综合的系统思维,否则很容易因思虑不周而无法解决问题,甚至带来新的问题。因此,彭华先生所开展的丹霞地貌研究,不是将丹霞地貌看作一个纯地貌学问题,而是将丹霞地貌区看作一个载体、一种独特的社会—生态系统,并根据中国丹霞地貌区的实际问题,开辟了红层与丹霞研究的新领域,推动了一个新的交叉学科的形成。他实证了南方湿润环境下红层区严重的地貌灾害和荒漠化问题,用跨学科的思维和方法,开展了红层区从物质基础到地貌过程与灾害,从生态退化到景观和社会经济发展的相互关系的综合地理学研究实践,扩大了所研究内容与国计民生的接触面,也实现了丹霞地貌研究的新突破。

彭华先生所倡导的大旅游思想及其旅游规划实践同样体现了综合性和系统性思维。彭华先生一直反对"就旅游论旅游",他在考虑一个旅游地的发展时,首先会综合分析该地所有能吸引人来的要素,而不管这些要素是不是传统意义上的旅游资源,然后以旅游无限化理念将要素的综合吸引力最大化,从而实现旅游业发展水平的提升。而在整个规划过程中,他的着眼点始终是旅游地社会经济综合发展的最优化,始终强调将旅游发展作为目的地综合发展的一种驱动力来看待,不会因为所开展的工作是旅游规划而一叶障目。在综合性和系统性思维的指引下,彭华先生提出了"大旅游"理念、旅游系统及动力机制、旅游地发展阶段论、旅游开发与城市建设一体化、市场分类研究法、产品—需求对应分析法等创新意义显著的理论与观点。这些理论与观点的学术贡献在于:以更加整体的视野看待旅游活动和旅游发展的各类要素,明确了旅游的直接系统、介入系统和支持系统,指出了旅游在城市和区域发展中的作用及如何与城市和区域发展实现一体化的问题，阐明了旅游地不同发展水平下产品、服务、效益和发展环境等方面的特征，并为旅游地跨越式发展提供了依据。彭华先生这些视野开阔、着眼全局、追寻整体最优的研究思维、规划方法和学术成果有利于研究者在日益细化的旅游地理研究中保持综合视野，值得继承和发展。

彭华先生是"把论文写在祖国大地上"的科学家的典范。不管是红层与丹霞地貌研究还是旅游地理研究，彭华先生始终将科学研究与中国的环境问题和社会经济发展问题结合在一起，始终以解决实际问题为导向。彭华先生的学术思想和治学精神将激励后辈地理学家奋发前进。

参考文献

[1] 彭华. 中国南方湿润区红层地貌及相关问题探讨. 地理研究, 2011, 30（10）: 1739-1752.

[2] 彭华, 闫罗彬, 陈智, 等. 中国南方湿润区红层荒漠化问题. 地理学报, 2015, 70（11）: 1699-1707.

[3] YAN Luobin, PENG Hua, HU Zheng, et al. Stone pillar rockfall in Danxia landform area, Mt. Langshan, Hunan Province, China. Physical Geography, 2016, 37（5）: 327-343.

[4] 彭华, 刘盼, 张桂花. 中国东南部丹霞地貌区小尺度植被分异结构研究. 地理科学, 2018, 38（6）: 944-953.

[5] YAN Luobin, HE Ruixiang, MILICA K-G, et al. The dynamic change of vegetation cover and associated driving forces in Nanxiong Basin, China. Sustainability, 2017, 9（3）: 443.

[6] 罗谷松, 彭华, 闫罗彬, 等. 南方"红层荒漠"旅游开发价值分析. 地理科学, 2016, 36（4）: 555-563.

[7] 彭华, 吴志才. 关于红层特点及分布规律的初步探讨. 中山大学学报（自然科学版）, 2003, 42（5）: 109-113.

[8] PENG Hua. The concept, research history and existing problems of Danxia. Collected Papers of the First International Symposium on Danxia Landform, 2009: 172-182.

[9] 彭华，潘志新，闫罗彬．国内外红层与丹霞地貌研究述评．地理学报，2013，68（9）：1170-1181.

[10] 彭华．丹霞地貌分类系统研究．经济地理，2002，22（S1）：28-35.

[11] 彭华．中国丹霞地貌研究进展．地理科学，2000，20（3）：203-211.

[12] 彭华．中国红石公园：丹霞山．北京：地质出版社，2004．

[13] PENG Hua, PAN Zhixin. Study on the weathering pattern and evolution process of Danxia bedding caves. Sandstone Landscape, Proceedings of the 3rd International Conference on Sandstone Landscape. Wroclaw University, Poland, 2013: 140-145.

[14] 陈智，彭华，Greif Vladimir，等．红层软岩夹层的物质组成与结构特征对其力学性质影响的定量研究：以崀山世界自然遗产地雷劈石为例．中山大学学报（自然科学版），2015，54（4）：139-149.

[15] 彭华．中国丹霞地貌及其研究进展．广州：中山大学出版社，2000．

[16] 彭华．区域旅游规划新理念．广东旅游，1997，(7/8)：55-57.

[17] 彭华．谈旅游发展新理念．广东旅游报，1997-09-11（1）．

[18] 彭华．浅谈旅游无限化理念．南方日报，1997-09-05（5）．

[19] 彭华．旅游发展驱动机制及动力模型探析．旅游学刊，1999，14（6）：39-44.

[20] 彭华，钟韵．关于旅游开发与城市建设一体化的初步探讨．经济地理，1999，19（1）：111-115.

[21] 彭华．试论经济中心城市旅游发展的商务主导模式．地理科学，1999，19（2）：140-146.

[22] 彭华，钟韵．创建优秀旅游城市的思考：论旅游开发与城市建设一体化．旅游学刊，1999，14（2）：21-25.

[23] 彭华．汕头城市旅游可持续发展驱动机制研究．地理学与国土研究，1999，15（3）：75-81.

[24] 彭华．关于城市旅游发展动力系统初步探讨．人文地理，2000，15（1）：1-7.

[25] 彭华，钟韵，梁明珠，等．旅游市场分类研究及其意义：以佛山市为例．旅游学刊，2002，17（3）：49-54.

[26] 彭华．关于旅游地文化开发的探讨．旅游学刊，1998，13（1）：42-45.

[27] 陈传康．粤北风景资源及旅游开发研究．韶关：韶关市旅游局，1990.

[28] 陈传康，高豫功，郭德秀，等．林虑山风景名胜区总体规划．郑州：河南人民出版社，1994.

[29] 彭华，赵飞，王华．关于主题旅游协作网络建设的探讨：以"霞客行"旅游网络为例．热带地理，2007，27（5）：472-476.

[30] 彭华．地理绘画．北京：测绘出版社，1988.

[31] 彭华．立体旅游地图及编绘方法初探//区域旅游开发研究文集．北京：旅游教育出版社，1991：340-348.

[32] 彭华．旅游地图//保继刚，楚义芳，彭华．旅游地理学．北京：高等教育出版社，1993：159-177.

附　录

中山大学与百年丹霞研究历程大事记

1927 年，冯景兰任两广地质调查所技正，在粤北地质调查中，特别注意到该区第三纪红色砂砾岩系，命名为"丹霞层"。

1928 年，在冯景兰主导下，两广地质调查所调查粤汉路沿线地质；同年，冯景兰、朱翙声发表《广东曲江仁化始兴南雄地质矿产》，文中对红色岩系进行了详细精辟的阐述，是中国学者研究中国红色岩系最早期的一篇重要文献。

1928 年，吴尚时从中山大学毕业并赴法攻读地理学。

1929 年 4 月，两广地质调查所由中山大学接管，隶属于地质学系。

1930 年，陈国达考入中山大学地质系。

1933 年，陈国达参与中山大学地质调查团调查广九路沿线的工作。

1933 年 5 月，陈国达参与中山大学地质学系古里齐教授（Prof. Dr. Kaejci-Graf）带领的广州市南郊外小港红色岩系层的勘察工作。

1933 年 8 月，陈国达与黄秉维参与中山大学地质学系在广州市东郊石牌中山公园牛鼻冈红色岩系的勘察工作。

1934 年，陈国达完成毕业论文《广东之红色岩系》，获得国立北平研究院地质研究奖金。

1936 年，陈国达任两广地质调查所和江西地质调查所技士、技正，调查了大量的红色岩系。

1938 年，陈国达发表《中国东南部红色岩层之划分》。次年，冯景兰发表《关于〈中国东南部红色岩层之划分〉的意见》。

1938 年，吴尚时对广东罗定县红岩盆地地形进行研究，提出罗定红岩盆地并非构造台地而是准平原的新结论；同年，吴尚时带领地理系 1938 届学生在广州西北郊考察。

1939 年初，因广州沦陷，中山大学地理系学生随校西迁云南，束装徒步数千里。学生各就其所学，沿途实习；同年，陈国达、刘辉泗发表《江西贡水流域地质》，第一次提出了"丹霞地形"的概念；同年，曾昭璇入读中山大学地理学系。

1940 年，陈国达发表《江西崇仁—宜黄间地质矿产》，进一步确立了"丹霞地貌"的概念。

1943年，曾昭璇发表论文《仁化南部厚层红色砂岩区域地形之初步探讨》，对丹霞地形发育从构造台地到寨、到峰林地形和残留地形的规律做了分析，成为丹霞地形的初步研究。

1944年2月，两广地质调查所所长何杰、技正莫柱孙前往曲江县芙蓉山、皇冈、犁铺头一带考察地层及构造，在丹霞红盆地西端及坪石红盆地东端、南雄层与丹霞层的层位问题等方面收获颇丰。

1944年，吴尚时和曾昭璇率领地理学系二、三年级学生，前赴乐昌、始兴和仁化丹霞山等地考察，确定丹霞山的红色砂岩下并无"南雄层"的存在。

1946年，中国地质学会举行第二十二届年会，曾昭璇在会上宣读论文《粤北红色岩系》。

1947年，中国地质学会举行第二十三届年会，吴尚时和曾昭璇在会上宣读论文《广东坪石红色盆地》。

1948年，黄进考入中山大学地理学系并初见丹霞山。

1950年，在中山大学地理系吕逸卿、罗开富带领下，黄进在东莞县石龙镇以东的东江南岸实习，考察燕窝一带的红色砂岩。

1951年，黄进被临时抽调参加中央少数民族访问团，到连南县访问瑶胞，途经乐昌坪石时，目睹武江东岸金鸡岭壮丽奇险的丹峰；同年，中山大学地理学系梁溥、叶汇等老师带领学生到惠阳县澳头实习，黄进考察该处红色砂砾岩的海蚀崖、海蚀穴等海岸丹霞地貌。

1952年，黄进毕业，留校任教。

1955年，黄进研制成功立体绘图仪，其结构简单，操作方便，绘图效果好，受到同行好评。此绘图仪后被高教部命名为"李见贤尺"。

1958年，华南热带生物资源综合考察工作在广东开展，黄进主持该考察队地貌组工作。

1960年，曾昭璇出版《岩石地形学》，首次将红层地貌作为一类独立的岩石地貌类型在专著中总结论述。

1961年，黄进把丹霞地貌作为广东省的一种独立的地貌类型，并对丹霞地貌下了初步的定义。

1962年，由黄进负责、广东地理界多个单位共同编写的《广东地貌区划》竣事。该报告总结地貌区划理论方法、广东地貌要素特征、类型和区划系统，在广东地貌研究和经济建设中发挥重要作用。

1965年6月，黄进与王鸿寿、罗章仁、李春初带学生到丹霞山实习，黄进开始了对丹霞地貌坡面发育的研究。

1965年，黄进设计了精密微压测高仪，命名为"丹霞牌测高仪"。

1978年，曾昭璇等发表《中国东南部红层地貌》，是系统讨论丹霞地貌的最重要文献，因其经典性而被载入《中国自然地理地貌》一书。

1979年，黄进考察了粤北金鸡岭、丹霞山及福建武夷山。

1980年11月，黄进考察了乐昌坪石金鸡岭、坪石盆地及丹霞山。

1981年1月，黄进和刘尚仁等考察了坪石盆地丹霞地貌、河流阶地及外围地区。

1981年5月，黄进、王鸿寿、刘尚仁、罗章仁等考察了坪石等地的丹霞地貌。

1981年6月，黄进、王鸿寿、刘尚仁和罗章仁等人带学生到坪石实习。

1981年8月，刘尚仁到三水狮岭考察红层地貌及河流阶地。

1982年，黄进发表《丹霞地貌坡面发育的一种基本方式》，这是中国学术界全面论述丹霞地貌坡面发育规律的第一篇论文。

1982年7月，黄进带香港中文大学学生到金鸡岭、丹霞山实习。

1983年12月—1984年1月，刘尚仁考察了坪石盆地，并在阶地沉积层采古地磁样品。

1984年1月，刘尚仁考察了清远红层盆地，并在阶地沉积层采古地磁样品。

1984年7月，刘尚仁考察英德石灰铺、横石塘、横石水、菠萝坑等小型红层盆地。

1985年8月，刘尚仁到灯塔、丙村、兴宁、龙川、翁源等红层盆地考察。

1987年，北京大学教授陈传康与彭华申报丹霞山风景名胜区工作。

1988年，在陈传康、黄进和彭华的帮助下，丹霞山成功申报国家级风景名胜区。

1989年6月，黄进离休，全力投入中国丹霞地貌的研究。同年，黄进研究中国丹霞地貌这一研究项目得到中山大学自然科学基金的资助。

1990年1月，刘尚仁与黄瑞红考察丹霞盆地、坪石盆地及星子盆地，并在丹霞山及坪石采集河流阶地沉积层热释光样品。

1990年5月，黄进、刘尚仁等中山大学丹霞地貌课题组成员共同对坪石金鸡岭进行考察。

1990年，黄进主持的"丹霞地貌发育机制的研究"项目分别在1990—1994年及1997—1999年得到国家自然科学基金的资助，使黄进有条件对中国的丹霞地貌做较大规模的系统考察。

1990年7—10月，黄进对陕西、甘肃、宁夏、贵州等省区近50处丹霞地貌做了考察，历时105天。

1990年7—8月，刘尚仁考察丹霞盆地、坪石盆地、怀集盆地、南雄盆地的丹霞地貌。

1990年9月，刘尚仁与黄瑞红赴惠阳县澳头盆地考察丹霞地貌。

1990—1991年，黄瑞红对丹霞盆地东缘的周田及北缘仁化城附近的浈江、锦江河流阶地做了调查研究，并对部分阶地的沉积层做了热释光采样及测年分析。

1991年7月，黄进考察了广东番禺县大岗蟑塘、灵山龟岗、黄阁骝岗、乌洲山、大虎、小虎及增城石巷（倚岩寺）、石厦（石吓山）等8处丹霞地貌。

1991年8—11月，黄进与黄瑞红对黑龙江、河北、陕西、河南、湖北、浙江、安徽、江西等省30多处丹霞地貌做了考察，历时90天。

1991年8月，刘尚仁到丹霞盆地、坪石盆地考察。

1991年12月，由陈传康及黄进筹备，在广东仁化县丹霞召开第一届丹霞地貌旅游开发学术讨论会并成立"丹霞地貌旅游开发研究会"，黄进被推选为理事长。

1991年12月，刘尚仁到坪石盆地考察，在第一级阶地采取样品。

1992年1月，刘尚仁考察了惠州盆地及东莞盆地。

1992年3—4月，刘尚仁考察了崀山、八角寨丹霞地貌，发现当时中国最大的丹霞天生桥。

1992年4月，黄进考察了江西的丹霞地貌。

1992年8月—1993年1月，为申报丹霞山为国家级地质地貌自然保护区，黄进、吴起俊、彭华、梁百和、朱素琳、梁致荣及李植华等，曾在不同时间先后对丹霞山的地质、地貌及植被等做了考察，历时共87天。

1992年，陈国达考察湖南崀山，并就崀山景区旅游开发做评估和指导。此外，陈国达全面肯定"丹霞地貌"的旅游资源价值，大力倡导并鼓励开发利用"丹霞地貌"资源，为"中国丹霞地貌"列入"世界自然遗产名录"做出了重要贡献。

1992年，彭华亲手设计绘制了丹霞山新山门。

1993年，第一届全国旅游地貌学术讨论会在广东丹霞山召开，彭华联合与会专家提出"召开丹霞地貌国际学术讨论会"和"丹霞山申报世界自然遗产"等建议，被作为大会文件通过。

1993年，保继刚受广东丹霞山委托，完成丹霞山阳元石景区旅游开发可行性研究及旅游发展总体规划项目。

1993年5月，黄进、彭华等参加在丹霞山召开的丹霞山地质地貌自然保护区总体规划评审会，经评审通过及补充修改的《丹霞山地质地貌自然保护区总体规划》及有关材料，于该年秋由丹霞山办公室送往国家环保局。

1993年6—8月，刘尚仁考察了广东、广西、湖南等省的丹霞地貌。

1993年8月，刘尚仁与彭华同往丹霞山考察。

1993年10月，刘尚仁再次到河源盆地考察。

1993年11月，黄进与黄瑞红考察了丹霞山。

1993年11月，黄进主持的第二届全国丹霞地貌旅游开发学术讨论会在福建武夷山召开。

1993—1994年，彭华先后两次考察了福建武夷山、江西龙虎山、圭峰等地的丹霞地貌。

1994年，彭华考察了广东、湖南、广西等地的丹霞地貌。

1994年3月，黄进考察了海南琼海白石岭丹霞地貌。

1994年3月，黄进参加江西鹰潭龙虎山总体规划评审会，并考察了龙虎山丹霞地貌。

1994年5月，黄进、吴起俊与中山大学电教中心前往丹霞山拍摄《丹霞山地貌》《丹霞山地质》两部纪录片。

1994年10月，黄进、刘尚仁等考察了湖南崀山及广西资源县资江、八角寨的丹霞地貌，并对当时中国最大的丹霞天生桥再次做了测量。

1994年10月，黄进主持的第三届全国丹霞地貌旅游开发学术讨论会在湖南崀山召开。

1994年11月，黄进考察了丹霞山。

1994年中，《丹霞山地质地貌自然保护区总体规划》及有关材料经彭华整理后成为规范的上报材料，于同年10月在北京召开的专家评审会上获全票通过，并于1995年获国务院批准。

1995年，彭华进入中山大学任教，经常带团队和学生到丹霞山做科普调研，举办科普讲座。

1995年4月，黄进到丹霞山考察。同年8—10月，黄进到青海、宁夏、甘肃及新疆等省33处丹霞地貌做了考察。

1996年3月、5月、10月至12月，黄进赴湖南、广东、浙江、福建、江西等省45处丹霞地貌做了考察。

1997年，彭华考察了青海尖扎县坎布拉、西宁北山、湟水谷地、拉脊山口等地的丹霞地貌。

1997年1月，黄进再次考察了清远南部的神石及马头石丹霞地貌。

1997年7—12月，时年已70岁的黄进考察了青海、内蒙古、宁夏、四川、贵州、湖南等地103处丹霞地貌及土林式丹霞地貌，历时155天。

1997年7月，黄进主持的第四届全国丹霞地貌旅游开发学术讨论会在青海坎布拉召开。

1998年，彭华考察了湖南通道万佛山及湘西等地的丹霞地貌。

1998年，彭华主持完成广东省丹霞山国家级自然保护区总体规划。

1998年3—4月，黄进到丹霞山参加彭华主持的"丹霞山地质地貌自然保护区规划"评审会，并进一步考察丹霞山地貌。

1998年5—6月，黄进赴湖南通道万佛山对该山丹霞地貌做了较系统的考察。

1998年6月，黄进与罗章仁对广西博白县宴石山、北流市铜石岭、容县都峤山及桂平市白石山的丹霞地貌做了考察。

1998年7—12月，黄进考察了湖南、广西、福建等省区的丹霞地貌。

1998年7月，黄进主持的第五届全国丹霞地貌旅游开发学术讨论会在湖南万佛山召开。黄进在会议上辞去了丹霞地貌旅游开发研究会理事长的职务，推荐彭华接任理事长。

1999年，彭华考察了贵州习水、赤水及福建武夷山、泰宁金湖、桃源洞等地的丹霞地貌。

1999年6—7月，黄进考察了湖南、贵州、重庆、四川等省市的丹霞地貌、准丹霞地貌和丹霞喀斯特地貌共34处。

1999年7—8月，刘尚仁对贵州习水县童仙溪、长嵌沟及赤水市金沙沟、四河沟丹霞地貌做了考察。

1999年7月，彭华主持的第六届全国丹霞地貌旅游开发学术讨论会在贵州习水召开。

1999—2002年，黄进对广东、湖南、贵州、重庆、四川、河北、湖北、江西、浙江、福建、甘肃、青海、云南等省市的丹霞地貌做了多次较系统的考察，对中国丹霞地貌有了更为全面和系统的了解，多项新发现推动了丹霞地貌的继续研究。

2000年，彭华出版了丹霞地貌第一部中英文对照专著《中国丹霞地貌及其研究进展》，并在同年于南京召开的国际地貌学家协会专题会议上，向国际同行介绍了丹霞地貌。

2001年7月，彭华主持的第七届全国丹霞地貌旅游开发学术讨论会在福建泰宁召开。

2002年，受贵州赤水市委托，保继刚编制完成《贵州省赤水市旅游发展总体规划》及《十丈洞景区、四洞沟景区、竹海桫椤景区总体规划》。

2002年10月，彭华主持的第八届全国丹霞地貌旅游开发学术讨论会在浙江新昌召开。

2003年，彭华到北京为丹霞山申报世界地质公园做申报陈述。

2004年2月，全国地貌与第四纪学术会议暨丹霞地貌研讨会、第五届海峡两岸地貌与环境研讨会在丹霞山召开。参会代表共105人，其中有8位台湾代表。会议期间黄进和彭华陪同与会代表在丹霞山进行了参观考察。

2004年2月13日，联合国教科文组织世界地质公园专家委员会在法国巴黎召开的评审会上，丹霞山被评为世界地质公园，丹霞山成为世界名山。

2004年，彭华主持完成广东省丹霞山旅游开发概念规划。

2004年6月，在首届世界地质公园大会上，彭华推出中英文对照版《中国红石公园——丹霞山》，并在大会上介绍了中国丹霞地貌研究进展。

2004年11月，彭华主持的第九届全国丹霞地貌旅游开发学术讨论会在广西玉林召开。

2004年12月，黄进出版《丹霞山地貌考察记》。

2005年5月，中国地理学会聘彭华担任地貌与第四纪专业委员会副主任。

2006年，黄进荣获首届"中国十大当代徐霞客"称号。

2006年7月，彭华主持的第十届全国丹霞地貌旅游开发学术讨论会在甘肃张掖召开。

2007年1月，彭华主持的"丹霞山丹霞地貌风景资源可持续利用研究"项目荣获教育部"科学技术进步奖二等奖"。

2007年8月，彭华主持的第十一届全国丹霞地貌旅游开发学术讨论会在广西资源召开。

2007年9月，彭华被聘任为中国丹霞地貌申报世界自然遗产专家组组长。

2008年，彭华主持完成了"丹霞山风景名胜区总体规划"项目。

2008年2月，黄进的中国丹霞地貌研究得到中山大学的资助，并于该年4—5月到丹霞山考察。

2008年5月，彭华的"丹霞山丹霞地貌风景资源可持续利用研究"项目荣获广东省科学技术奖二等奖。

2008年7—11月，时年已81岁高龄的黄进仍到新疆、甘肃、内蒙古、山西、陕西、宁夏、安徽、湖北、重庆、四川、贵州、云南等地实地考察了丹霞地貌，历时109天。

2009年5月，首届丹霞地貌国际学术讨论会在丹霞地貌命名地广东韶关丹霞山召开，中山大学保继刚、黄进、刘尚仁、董玉祥、彭华、高全洲、李恕宏、张珂等专家学者出席了会议。

2009年7月，国际地貌学家协会（IAG）丹霞地貌工作组成立，彭华任主席。

2009年12月，为感谢黄进30年来对武夷山风景名胜区所做出的贡献，武夷山市委、市政府授予黄进"武夷山风景名胜区建设发展特别贡献奖"。

2010年1月，黄进出版《丹霞山地貌》。

2010年，为了申报"中国丹霞"世界自然遗产，在住建部的指导下，中山大学等对各遗产地候选区的丹霞地貌风景区开展了生物多样性本底调查。其中，广东丹霞山记录维管植物共206科、778属、1706种。

2010年8月1日（巴西时间），中国丹霞地貌成功申遗，"中国丹霞"列入世界遗产名录。

2010年9月，为表彰彭华在龙虎山和龟峰山申报世界自然遗产工作中做出的特殊贡献，江西省世界自然遗产管理委员会授予彭华"特别贡献奖"。

2010年11月，因黄进、彭华等人在赤水丹霞申报世界自然遗产工作中贡献突出，被赤水市人民政府授予"赤水市荣誉市民"称号。

2010年12月，为表彰黄进、彭华在江郎山申报世界自然遗产工作中做出的特殊贡献，浙江省人民政府特授予"专家特别贡献奖"。

2010年12月，彭华因在丹霞山申报世界自然遗产工作中的突出贡献，被广东省政府授予个人一等功。

2010年12月，为表彰黄进在丹霞山成功申报世界自然遗产工作中做出的特殊贡献，韶关市委和韶关市人民政府授予黄进"特别贡献奖"。

2010年，丹霞山和中国丹霞成功列入世界自然遗产之后，中山大学生命科学学院、生态学院团队继续在丹霞山开展了10年的调查研究，持续对丹霞山植物资源进行全面的考察，共记录维管植物193科、800属、1732种，并于2011年11月出版《广东丹霞山动植物资源综合科学考察》，于2022年3月出版《广东丹霞山植物图鉴》。

2010年12月，黄进出版《武夷山丹霞地貌》。

2011年7月，中国地理学会第十届四次常务理事会批准成立"中国地理学会红层与丹霞研究工作组"，任命彭华为工作组主任。

2011年8月，中国丹霞地貌申报世界自然遗产协调领导小组及各省申遗办授予彭华"中国丹霞申报世界自然遗产杰出贡献奖"。

2011年8月，彭华在江西鹰潭组织召开了第十二届全国丹霞地貌旅游开发学术讨论会暨龙虎山旅游发展研讨会。

2011年8月，为感谢黄进在湖南崀山申报世界自然遗产工作中的突出贡献，新宁县人民政府授予黄进"崀山荣誉市民"称号。

2011年9月，黄进出版《崀山丹霞地貌》。

2011年10月，彭华在丹霞山组织召开了IAG丹霞地貌工作组第一次会议暨第二次丹霞地貌国际学术讨论会。会议通过了IAG丹霞工作组工作计划，发表了《会议宣言》和《丹霞地貌全球研究倡议书》，提出了以中国的研究为基础，启动全球丹霞地貌研究，并逐步完善丹霞地貌理论体系的工作重点。

2012年，彭华主持完成了丹霞山世界丹霞地貌科教基地的设计。

2012年，中山大学生命科学学院昆虫研究所贾凤龙完成了"丹霞山古树名木虫害调查及防治策略"项目。

2012年，中山大学生命科学学院彭少麟等完成了广东省丹霞山动植物资源综合科学考察的补充考察及出版工作。

2012年，中山大学地球科学与工程学院汤连生等完成了广东省韶关市丹霞山地质遗迹保护规划。

2012年7月，黄进出版《石城丹霞地貌》。

2012—2014年，黄进先后四次到青藏高原地区考察丹霞地貌，采集丹霞地貌样品和数据。

2013年3月，广东省国土资源厅科教处、中山大学、丹霞山管委会等联合举办的"中国丹霞世界遗产进校园"系列科普宣传讲座在中山大学小礼堂开幕，这也是"中国丹霞进高校"的第一站。之后数年，彭华等诸位丹霞专家学者走进北京大学、四川大学、中国地质大学等各地高校，为全国的学生们带去中国丹霞的最新科普知识，大大增进了年轻人对丹霞地貌的了解。

2013年8月，彭华在内蒙古巴彦淖尔组织召开了第十三届全国丹霞地貌旅游开发学术讨论会。

2013年11月，黄进出版《广丰丹霞地貌》。

2013年12月，彭华主持的"丹霞山风景名胜区总体规划"项目获评广东省优秀城乡规划设计一等奖。

2013年，彭华主持国家科技基础性工作专项重点项目"全国丹霞地貌基础数据调查"，首次在国家层面开展全国丹霞地貌基础数据调查和数据管理平台的建设。

2014年2月，彭华被住房城乡建设部聘为世界遗产专家委员会成员。

2014年8月，彭华在甘肃平凉崆峒山组织召开了第十四届全国红层与丹霞地貌学术讨论会；后到美国圣路易斯大学进行了一个月的访问交流，推动首个中美丹霞地貌国际对比研究。

2015年7月，黄进出版《赤水丹霞地貌》。

2015年9月，彭华在浙江江山组织召开了第三届丹霞地貌国际学术讨论会暨第十五届全国红层与丹霞地貌学术讨论会。

2016年4月，彭华以"全国丹霞地貌基础数据调查"项目为基础，继续申请"中国丹霞地貌基础数据分析与数据库建设"项目，在基础数据采集工作之上，进一步开展数据分析与数据库建设工作。

2016年8月，彭华参加北京第33届国际地理大会，并主持红层与丹霞地貌分会场。

2016年及2017年的暑假期间，彭华数次带领考察组到陕西、内蒙古、甘肃、青海、西藏等西部五省区三大高原考察丹霞地貌。此一系列大规模野外考察大大推动了西部丹霞地貌的研究，也促进了当地旅游经济的发展。

2016年9月，彭华在贵州赤水组织召开了第十六届全国红层与丹霞地貌学术讨论会。

2017年9月，中共贵州省委员会、贵州省人民政府聘请彭华为"贵州省脱贫攻坚特聘专家"。

2017 年 10 月，彭华在广东省梅州平远组织召开了第十七届全国红层与丹霞地貌学术讨论会。

2017 年 12 月，彭华邀请崔之久、张青松和张忍顺等十多位地貌专家齐聚丹霞山，对《丹霞地貌学》专著的整体构架以及丹霞地貌定义、分类系统等重要问题进行了充分的讨论，形成共识。

2018 年 8 月，第十八届全国红层与丹霞地貌学术讨论会暨新龙县旅游发展研讨会在四川新龙召开。

2018 年 9 月，中山大学生命科学学院团队与广东省热带亚热带植物资源重点实验室将在丹霞山发现的新物种研究成果发表于《中山大学学报（自然科学版）》，并将新物种命名为"彭华柿"，以纪念彭华为丹霞地貌研究做出的卓越贡献。

2018 年，中山大学地球科学与工程学院章桂芳完成"丹霞地貌红层矿物高光谱表征机理研究"项目。

2019 年 8 月，第四届红层与丹霞地貌国际研讨会暨第十九届全国红层与丹霞地貌学术讨论会在陕西延安召开。

2019 年 9 月，中共广东省委宣传部追授彭华"南粤楷模"荣誉称号。

2019 年 9 月，新中国成立七十周年之际，广东省委追授彭华"广东省优秀共产党员"称号。

2020 年，广东省启动南岭国家公园申报的筹备工作。中山大学地球科学与工程学院张珂向省政府建言，国家公园筹建必须紧密结合地质地貌领域展开。该建议得到广东省政府的采纳。

2020 年 4 月，彭华所著的《中国丹霞》英文版出版。此书于 2021 年获评"输出版优秀图书奖"。

2020 年 7 月，中山大学生命科学学院植物科研团队将在丹霞山发现的第 19 个新物种的研究成果发表于《广西植物》，此次发现的植物新物种命名为"黄进报春苣苔"，以纪念黄进为丹霞地貌研究做出的重要贡献。

2020 年 12 月，彭华所著的《丹霞地貌学》出版。

2021 年 12 月，中山大学启动了"国家公园建设专项"丹霞山国家公园生物多样性科考专项。

2022 年 3 月，丹霞山国家公园生物多样性科考项目组公布了在丹霞山发现的丹霞呵叻蛛、丹霞铁马鞭、丹霞铁角蕨、东方卷柏等4个新物种。

2023年2月，丹霞山国家公园生物多样性科考项目组公布了丹霞冷水花、香花莙花、丹霞鸭跖草及丹霞单枝竹等4个植物新种。

2023年3月，被誉为"神秘的隐士"的丹霞山昆虫新种——丹霞真龙虱正式发表，至此在丹霞山新发现和命名的昆虫新物种已达8个。丹霞山国家公园生物多样性科考项目组不断深入保护区腹地考察，完成了《拟设立丹霞山国家公园生物多样性科考报告（初稿）》，显著丰富了丹霞山生态科学成果。

2023年12月，亚洲青年地理学家第三届学术会议召开，IAG第一次在亚洲地理学会做丹霞研究专题。彭华的学生、西南大学副教授闫罗彬组织撰写英文版申办报告，丹霞组被列为大会20个专题分会场的第8分会场。闫罗彬的论文在此次会议上被评为优秀论文。

2024年5月，丹霞山国家公园生物多样性科考项目组继续深入丹霞山无人区考察时，发现了丹霞山一个特有的植物新种——以陈国达命名的"国达铁角蕨"。

后 记

    百年峥嵘，山高水长。2024 年，中山大学迎来了世纪华诞。值此新征程开启之际，档案馆编撰《中山大学与百年丹霞研究历程图文集》，作为对学校世纪华诞的献礼。本书以图文、实物等方式，追溯近一个世纪以来中山大学丹霞研究史迹，展现中山大学始终坚持与国家同行、与时代同向，扎根中国大地办学的历程，弘扬中大学人严谨治学、探索求真，为振兴中华鞠躬尽瘁的精神信念。

    本书的编撰工作历时一年。在项目筹备过程中，本馆除利用馆藏档案史料外，还得到黄向青女士和丰秀荣女士的大力支持，征集了一批相关名人照片、档案等史料及各类学术著作。在本书的编撰过程中，我们有幸得到多方专家的热心相助，王少华先生、王华先生、李定强先生、张珂先生、侯荣丰先生、胡春元先生、保继刚先生、翁时秀先生、郭福生先生等先后为我们提供宝贵意见和建议。此外，陈志芳先生、刘晓武先生和黄向青女士亦为本书提供了一批丹霞地貌的摄影作品。在此，我们深表谢忱。

    由于时间仓促，加之本书编撰人员非地理学专业出身，书中难免有挂一漏万之处，欢迎各位读者批评指正。

编 者

2025 年 1 月